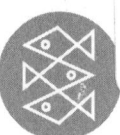

Geboren in Gelsenkirchen. Als Blagen im Nachkriegsruhrgebiet mit Blindgängern Fußball gespielt. Später mit ordentlicher Lederpille eigene Mannschaft für Straßenfußball gegründet. Dann kamen die Frauen. Knutschen im Autokino, Fummeln am Rhein-Herne-Kanal. Wilma getroffen, gemählt, geschwängert. Auf der Zeche malocht. Opa geworden. Dann Rente. Und heute? Aufstehen, Jupps Kiosk, Schrebergarten, von Wilma bekochen lassen, ins Fenster hängen, Einkäufe erledigen, über die Welt- und Wetterlage moppern – das bin ich, euern Otto.

Weitere Informationen, auch zu E-Book-Ausgaben, finden Sie bei www.fischerverlage.de

OTTO REDENKÄMPER

DAT LEBEN IS KEIN TRALLAFITTI

Der Fenster-Rentner
erklärt die Welt

FISCHER Taschenbuch

Erschienen bei FISCHER Taschenbuch,
Frankfurt am Main, Oktober 2014

© S. Fischer Verlag GmbH, Frankfurt am Main 2014
Mitarbeit: Carsten Uekötter
Satz: Dörlemann Satz, Lemförde
Druck und Bindung: CPI books GmbH, Leck
Printed in Germany
ISBN 978-3-596-03086-6

INHALT

EINSTIEG

KINNERS,

als mich mein Chef, Herr Dr. Kirnhoff, in den Ruhestand verabschiedete, hätte ich nie gedacht, was das Rentnerdasein für eine stressige Angelegenheit ist. Früher hab ich auf der Zeche zig Männer angeleitet und heute krieg ich schon die Krise, wenn die Tageszeitung nicht pünktlich im Briefkasten landet. Ich weiß noch, als ich damals am ersten Tag im Ruhestand als frischgebackener Rentner aufwachte, hab ich mich über meine neue Freiheit gefreut wie ein Döppke auf den ersten Ferientag. Es gab nur einen Haken. Um 11 Uhr war ich mit allem durch, was ich mir für den Tag vorgenommen hatte. Und so hing ich gelangweilt in Unterhemd und Joggingbuxe auf dem Sofa rum. Das Taubenzüchten hatte ich vor Jahren drangegeben, die Schrebergartensaison war noch ein paar Monate hin, und bei meinem alten Kumpel Jupp im Kiosk wollte ich auf keinen Fall vor Mittag aufschlagen. Ich zappte gelangweilt durch die Fernsehkanäle, als ich plötzlich Lärm auf der Straße hörte. Ich schlüpfte in meine Badelatschen, ging zum Fenster und sah einen Wagen der Stadtwerke. Zwei Malocher stiegen aus und versuchten, eine Birne in der Straßenlaterne auszutauschen. Ich öffnete das Fenster, holte mir einen Pott Kaffee aus der Küche und schnappte mir eins von Wilmas selbstgenähten Sofakissen.

Die Straße fest im Blick, sah ich auf einmal mein Spiegelbild in den Fensterscheiben des Nachbarhauses. Da fuhr mir der Schreck in die Glieder. Die Geschichten waren also wahr? Die Verwandlung hatte keine 24 Stunden gedauert. Ich wusste sofort, was die Uhr geschlagen hatte und war bereit, mich der Verantwortung zu stellen. Die Rentenkasse war mein neuer Chef und Gelsenkirchen mein Einsatzgebiet. Es gab Kinder zu belehren, nach Kleingeld zu kramen, Wartezimmerstühle zu besetzen und meinen Kumpels im Kiosk die Welt zu erklären.

Was mich im Spiegelbild anguckte, war ein waschechter Fenster-Rentner. Ich prostete mir zu und war bereit für alles, was da kommen sollte.

ALSO DANN, BEI UNS IM RUHRGEBIET SAGT MAN AN DIESER STELLE: »GLÜCK AUF!«

EUERN OTTO

INSPEKTOR BUERLUMBO

KINNERS,

morgens vorm Frühstück komm ich regelmäßig in Stress. »Wilma, wo sind denn meine beiden Lieblings-unterhemden abgeblieben?«

»Die sind in der Wäsche. Nimm halt ein anderes Un-terhemd, sind doch genug da!«

Auf neuen Feinripp geschmeidig machen hatte ich überhaupt keine Lust. Aber mir blieb keine andere Wahl. Also holte ich ein neues Unterhemd aus dem Schrank, zog ein bisschen daran rum und warf es über meinen Astralkörper. »Was möchtest du denn zum Frühstück, Rührei oder Spiegelei?«

»Wenn der Tag schon mit einem neuen Unterhemd anfängt, ist er nur noch mit Rührei und Speck wieder auf die gerade Bahn zu kriegen.«

Es dauerte nicht lange, dann hatte die doppelte Portion Rührei mit Speck ihre beruhigende Wirkung getan. Ich gönnte mir noch ein Rosinenbrot mit gro-ber Leberwurst und hörte die Nachrichten im Radio: »Die Einbruchserie in Gelsenkirchen hält weiter an. Der Polizeisprecher dazu: ›Die Kriminalitätsstatistik weist gerade im Bereich Einbrüche in den letzten Jahren kontinuierlich nach oben. Deshalb bitten wir alle Bürger, die Augen offen zu halten und die Polizei zu informieren, sobald sich in der Umgebung etwas Verdächtiges tut.« Da bin ich wie ein Erdmännchen in die Höhe. Denn eins war für mich glasklar. Ich hatte den lupenreinen Auftrag, mich zu kümmern. Von der einen auf die andere Sekunde lag die Sicherheit Gelsenkirchens auf meinen Schultern. Was eine Verantwortung. Vor allem, da sich einer der größten Schätze Europas nur wenige Hundert Meter von meiner Wohnung entfernt befindet. Die Schalker Trophäensammlung. Ich musste die Einbruchserie stoppen. Nur, ohne die richtige Ausrüstung war ich den Halunken hilflos ausgeliefert. Ich zog meine Thermounterbuxe an, falls ich spontan die Verfolgung aufnehmen musste, packte die Ladestation vom Telefon auf die Fensterbank und legte Fernglas und Notizblock bereit. Ich hatte mich gerade in voller Montur auf meinen Posten begeben, da ging es auch schon los. Ein komischer Typ mit Nasenhaartoupet zog einen Rollkoffer durch unsere Straße. Mit einem Rollkoffer durch Gelsenkirchen-Buer? Das konnte gar nicht sein. Wer im Ruhrpott wohnt, fährt mit der Karre in den Urlaub und zieht seinen Koffer nicht quer durchs Gelände. Und dazu der dubiose Oberlippenfiffi. Da wusste ich, Gefahr war im Verzug. Der Typ lief schnurstracks Richtung Jupps Kiosk. Meinem zweiten Wohnzimmer.

Jupps Kiosk gibt es schon länger, als ich lebe. Jupp führt den in der dritten oder vierten Generation und damit es keine Probleme mit dem Namen gibt, werden alle erstgeborenen Söhne in seiner Familie einfach Jupp genannt. Mein Opa ist da mit mir als kleines Blag schon hin. Und irgendwann stand auch ich im Kiosk und kaufte meinem Sohn eine bunte Tüte. Hier kennt, trifft, freut und tröstet man sich von morgens bis abends. Jupp hatte mir letztens irgendetwas erzählt, von wegen, sein neuer Hauseigentümer würde Stress machen und hätte ihn lieber heute als morgen raus. Und so ein Bruch, um den Mieter einzuschüchtern, käm ja nicht zum ersten Mal vor. Aber nicht mit mir. Die können sich ihre Gewinnmaximalisierung oder wie das heißt sonst wo hinstecken.

Der Typ mit dem Oberlippenfiffi musste gestoppt werden. Zum Glück hatte ich die Telefonnummer der Polizei Gelsenkirchen in den Kurzwahlspeicher gepackt: »Guten Tag, mein Name ist Otto Redenkämper. Vor meinen Augen spielt sich eine Einbruchsanbahnung ab. Bitte schicken Sie sofort einen Streifenwagen zu Jupps Kiosk.«

»Haben Sie Einbruchsanbahnung gesagt? Was soll ich mir denn bitteschön darunter vorstellen?«

»Ein zwielichtiger Geselle plant hier vor meinen Augen einen Bruch. Der hat einen Schnurrbart und einen Rollkoffer. Da habe ich blitzschnell eins und eins zusammengezählt. Schnurrbart zur Tarnung und im

Rollkoffer befindet sich alles, was er für seinen Bruch braucht.«

»Guter Mann, wir können doch nicht einfach unbescholtene Bürger festnehmen! So läuft das nicht bei uns. Ich wünsch Ihnen noch einen schönen Tag. Auf Wiederhören.«

Nach diesem Rückschlag brauchte ich eine Pause und kümmerte mich um die letzte Domäne, die uns Männern noch geblieben ist. Ich schnappte mir, wie jeden Tag um Punkt 13 Uhr, das Boulevard-Blättchen meines Vertrauens und informierte mich am stillen Örtchen über die wichtigsten Aufreger des Tages. Nach einem kurzen Mittagsschlaf war ich zurück auf dem Posten. Etwas verschlafen sah ich Horden von Schulkindern an meinem Fenster vorbeiziehen. Da stach mir was ins halboffene Auge. Warum hatten die Blagen so komische Beutel in den Händen, wenn die Schulklamotten doch alle im Tornister verstaut waren? Mir fiel es wie Schuppen aus dem Resthaar. Wieso war ich da nicht früher drauf gekommen? Kinder sind die idealen Handlanger. Die kannst du schön klauen schicken und keiner kann dir was. Ich konnte nicht anders und rief wieder bei der Polizei an. »Hier ist noch ma Otto Redenkämper. Ich geb zu, vorhin war die Beweislage etwas dünn. Aber jetzt hab ich hier wirklich ein Verbrechen für Sie. Ich sag nur Kinderbanden. Da sind Sie baff, was?«

Ich erklärte dem Polizisten meine Theorie.

»Herr Redenkämper, nun ist es aber wirklich gut gewesen. Was wollen Sie denn bitteschön von uns? Dass wir Ihre Straße absperren, die Kinder in Angst und Schrecken versetzen und deren Turnbeutel durchsuchen? Lassen Sie uns bitte in Ruhe mit Ihren hanebüchenen Theorien. Sonst rücken wir wirklich zu einem Einsatz aus und der findet direkt bei Ihnen in der Wohnung statt! Haben wir uns da verstanden?«

Ich blieb trotz der Abfuhr weiterhin auf meinem Posten. Wilma hatte mir zwischendurch einen Henkelmann mit Erbsensuppe und eine Thermoskanne Kaffee als Abendration hingestellt. Als ich gerade den Löffel in die Erbsensuppe tunken wollte, fiel mir der ganze Kladderadatsch vor Schreck aus der Hand. Ein lautes Poltern vor meinem Fenster riss mich fast vom Stuhl. Es war mein Nachbar, der seinen Kofferraum nach und nach mit schweren Gegenständen belud. Der feine Herr Schröter wohnte erst seit ein paar Jahren auf meiner Straße. Der kam mir schon vom ersten Tag an dubios vor. Schweigsamer Typ, der sich höchstens ein muffeliges »Guten Tag« aus den Rippen leiert, wenn er an mir vorbeiläuft. Vielleicht hätte ich ihn auch nicht direkt nach seinem Einzug darauf hinweisen sollen, dass sein Vorgarten aussieht wie Gelsenkirchen kurz nach dem Krieg. Mein Nachbar lud weiter Gegenstände aller Art in seinen Kofferraum.

»Jetzt hab ich dich, du mieser Wüstenlurch. Ich wusste, dass du Dreck am Stecken hast.« Ich notierte, was mein Nachbar alles in sein Auto packte. Verschiedene Gemälde, mehrere Lampen, Kisten voller Schmuck, Kleidung und Bücher. Astreines Diebesgut, das bestimmt bei Nacht über die Grenze geschafft werden sollte. Plötzlich ergab alles einen Sinn. Die Schulkinder luden ihre Beute bei meinem Nachbarn ab, und er vertickte die Sachen an einen Hehler. Ich stürmte brüllend aus der Wohnung.

»Finger weg vom Kofferraum! Hier spricht die Bürgerwehr! Sie wurden in flatulenzi erwischt!«

Mein Nachbar wusste gar nicht wie ihm geschah.

»Wo haben Sie das Zeug im Kofferraum geklaut, Sie Dieb!?«

Bei meinem Nachbarn änderte sich die Gesichtsfarbe in Pavianhintern-Rot.

»Sind Sie jetzt völlig durchgeknallt? Soll ich Ihnen sagen, wo ich mit den Sachen in meinem Kofferraum hinfahre? Ich fahre damit zum Flohmarkt, Sie Ochse!«

Ich war sprachlos. Dieses Alibi war wasserdicht. Ich murmelte ein »Entschuldigung, falscher Alarm« vor mich hin und schlich wie ein begossener Mettigel zurück ins Haus. Dabei sah ich Wilma an meinem Stammplatz im Fenster hängen. Sie schüttelte heftig den Kopf und machte mit der rechten Hand einen Dauerscheibenwischer.

Am nächsten Tag baute ich meine Überwachungsstation wieder ab, zog mein Lieblingsunterhemd an und schaute wieder wie gewohnt aus meinem Fenster. Gegen Mittag lief Wilma mit einem Müllbeutel in der Hand vorbei. »Inspektor Buerlumbo, hol schnell die Polizei! Deine Frau hat eine Bank überfallen und versteckt die Beute gerade in deiner Mülltonne.«

GLÜCK AUF, AUCH VON MEINER LUSTIG
AUFGELEGTEN GEMAHLIN!

EUERN OTTO

KINNERS,

mein Einsatz als Chef der Bürgerwehr war mir ganz schön auf die Stimmung geschlagen. So schnell hatte ich mich lange nicht mehr vor so vielen Leuten auf einmal blamiert. Um mich auf andere Gedanken zu bringen, versprach ich Wilma, mich in den nächsten Tagen ausschließlich um ihr Wohl zu kümmern und das Fenster Fenster sein zu lassen.

Ganz oben auf meiner Liste stand das Erledigen der täglichen Einkäufe. Meine Wilma ist für ihre kulinarischen Ausflüge ins Reich der Botanik bekannt und stellt mich immer wieder vor neue Herausforderungen. Die haut sich alles zwischen die Kiemen, was grün ist und nach Komposthaufen aussieht. Und am besten immer alles Bio. Ich sage immer, Bio ist, wenn Mutti mit ihrem dicken Geländewagen jedes Ei einzeln vom Bauernladen abholt, damit sich bloß kein Dotter vernachlässigt fühlt. Ich bin da anders gepolt. Ich schlag die Discounterprospekte auf und guck, was das beste Fleisch-Euro-Verhältnis hat, und das wird gekauft. Ob Huhn, Pferd, Kamel oder Tapir. Nirgendwo bekommst du mehr Fleisch für die Rente als beim Discounter.

»Ich habe heute richtig Appetit auf Tomaten und Basilikum mit Büffel-Mozzarella. Kannst du mir den holen? Du hast doch heute eh nichts vor.« Ich hatte keinen blassen Schimmer, was Büffel-Mozzarella eigentlich sein soll. Aber da ich als Ehemann laut Altem Testament unantastbar und allwissend bin, gab es nur eine Antwort: »Klar, Büffel-Mozzarella. Hol ich.«

Ich ging zur Fleischerei Korrazeck bei mir ums Eck. Ich bin übrigens einer der wenigen Auserwählten in Gelsenkirchen-Buer, die über eine Korrazeck-Bonuskarte verfügen. Pro zehn Kilogramm Hack gibt es einen Stempel. Sobald zehn Stempel voll sind, gibt es einen Korrazeck-Balken gratis. Korrazeck-Balken ist bei uns ein fester Begriff. Anderswo läuft das unter Frikadelle oder von mir aus auch Bulette.

»Hallo die Damen, ich hätt gern einmal Büffel-Mozzarella.«

Lautes Lachen erfüllte den Saal.

»Da haben Sie sich wohl in der Tür geirrt. Wir sind eine Fleischerei.«

»Liebe Frau Korrazeck, vielleicht haben Sie mich nicht richtig verstanden. Ich möchte eine Büffel-Mozzarella mit B wie Büffel.«

Da wieherten die Damen hinter der Theke los, als wären sie eine Herde Gäule auf dem Weg in die Lasagne. Ratlos bin ich ins Internetkaffee gegenüber und habe »Büffel-Mozzarella« in die Suchmaschine gehauen.

»Büffel-Mozzarella ist ein Käseprodukt aus Wasserbüffelmilch und stammt aus Italien.« Was eine Blamage. Als ich mir die Bilder von dem Zeug anschaute, kam mir was ganz anderes in den Sinn. Immerhin wusste ich jetzt, wonach ich suchen musste und ging sofort zu Jupps Kiosk.

»Tach, Jupp, gib mir ma bitte ne Packung Büffel-Mozzarella.«

»Wie bist du denn drauf? Du bist hier in einem Kiosk. Das hier ist ein Kiosk und kein Bioladen. Ich hab hier keine Büffelweide im Hinterhof. Oder siehst du hier irgendwo einen Büffel? Möchtest du noch ne Flasche kalt gegurgeltes Olivenöl dazu? Das haben die Bauern in Italien selbstgemacht. Das machen die alles selber, verstehst du?«

»Hast du einen Pekinesen gefrühstückt?«

»Von wegen. Hier ist die Pekinesenkacke ganz groß am Dampfen. Aber ganz groß. Komm mit nach hinten und schau dir die Scheibe an. Eingebrochen haben sie hier. Einfach eingebrochen. Zum Glück hatte ich kein Bargeld mehr in der Kasse liegen. Das war mein Glück.«

»Ich geh kaputt. Ich hab den Typen gesehen! Ich hab der Polizei eine glasklare Ansage gemacht, dass da ein Typ mit Rollkoffer und Oberlippenfiffi einen Bruch in deinen Kiosk plant. Aber die haben mir nicht geglaubt.«

»Da steckt bestimmt der neue Hauseigentümer dahinter. Das ist ein ganz mieser Hund. Der will mich hier mit allen Mitteln raushaben, jedes Mittel ist dem recht. Der hat mir schon ne saftige Mieterhöhung angedroht. Einfach angedroht.«

»Was ist das bloß für ein Ganove? Das müssen wir unbedingt in Ruhe verhackstücken. Lass uns nächste Tage alle zur Krisensitzung treffen. Ich trommel die Jungs zusammen.«

Ich schaute mich hochkonzentriert im Kiosk um und entdeckte den guten alten Scheibenkäse im Kühlregal. Der heißt Käse, riecht nach Käse und schmeckt nach Käse. Dazu eine Packung abgepackten Schinken und eine Lage Toastbrot und du hast im Nu ein Fünf-Sterne-Menü auf dem Teller. Käse-Schinken-Toast nennt sich das. Ich sage dazu auch gerne Stumpenhappen. Wenn du den Toast kalt lässt, kannst du das auch ohne deine Dritten leicht und locker vertilgen. Beim Anblick des Scheibenkäses kam mir eine Idee, wie ich das Büffeldilemma ohne weitere Blamage ganz schnell beenden konnte.

Ich schnappte mir eine Packung und tigerte damit nach Hause. In meinem Hobbykeller legte ich alle wichtigen Utensilien für meine Operation bereit. Heißklebepistole, durchsichtige Gefrierbeutel, Flasche Mineralwasser, wasserfesten Stift und natürlich den Scheibenkäse. Ich nahm den Käse aus der Packung, klatschte alle Scheiben zusammen, formte eine Kugel daraus, und siehe da, vor mir lag ein Käseklops vom Allerfeinsten. Ich füllte einen Gefrierbeutel zur Hälfte mit Mineralwasser, legte die Käsekugel rein und klebte die Tüte mit der Heißklebepistole zu. Ich war ganz begeistert von meinem Werk. Das sah genauso aus wie das Zeug auf den Bildern im Internet. Fehlte nur noch die Beschriftung. Die musste natürlich sitzen, damit Wilma keinen Verdacht schöpfte. Also habe ich »Buffa di Moz, Calavaro Patrese Fabricia, 9876 Stifilien, Italien« drauf gepinnt.

Wilma war ganz aus dem Häuschen und machte sich direkt dran, ihr Basilikum-Tomaten-Zeugs mit der Büffel-Mozzarella zu veredeln. »Komisch, der ist aber ganz schön gelb. Sonst ist Büffel-Mozzarella doch immer weiß und viel weicher. Und irgendwie riecht der hier auch ein bisschen muffig.«

Da hieß es ruhig bleiben und Wilma auf keine falschen Gedanken bringen. »Ich bin durch halb Gelsenkirchen getigert, um den Käse zu besorgen. Guck ma auf die Verpackung. Da steht ›Calavaro Patrese Fabricia‹ aus Stifilien. Weißt du überhaupt, wo Stifilien ist? Das ist ein klitzekleines Bergdorf in Italien. Ganz unten am Stiefel. Die Büffel da kriegen extra viel Sonne ab, und deshalb ist der Käse so fest und gelb. Und was den Muff angeht, Muff kommt von Buff, also von Büffel. Das stinkt nun mal.«

Doch als Wilma das Mozzarellamofa an ihre Lippen setzte, überkam mich schlagartig das schlechte Gewissen. Ich konnte sie einfach nicht in diesen Schummelkäse beißen lassen. »Stopp!«, rief ich und schlug Wilma im letzten Moment das Brot aus der Hand. »Ich muss dir was gestehen. Das war gar kein Mozzarella, das war zusammengeklumpter Scheibenkäse aus Jupps Kiosk. Die Mozzarellabeschaffung hat mich überfordert. Ich wusste nicht ma, was das überhaupt sein soll.«

Als sich Wilmas Zornesfalte auf der Stirn zusammenzog, überkam es mich: »Mein Täubken, als Wiedergutmachung lad ich dich jetzt sofort zum Italiener ein.«

Wilma und ich verbrachten einen romantischen Abend, ich gönnte mir ein saftiges Steak und Wilma aß seltsam angerichtetes Gemüse und eine Pizza mit Brokkoli. Wer auch immer auf die Idee gekommen ist, Brokkoli auf eine Pizza zu packen, der muss in großer Not gewesen sein. Irgendwann hatte bestimmt ein Koch in Italien die Hütte voll, aber nichts mehr zur Hand außer Brokkoli. Anders kann ich mir das nicht erklären.

Zurück zu Hause haute ich mich aufs Sofa und guckte noch einen Boxkampf in der Glotze. Sobald ich Boxen einschalte, geht Wilma sofort ins Bett. Keine Ahnung warum. Es gibt doch nichts Besseres, als zwei Männern dabei zuzugucken, wie die sich gepflegt einen vor die Mappe hauen. Ich hab ja früher noch die ganz großen Kämpfe mitbekommen. Bambule im Dschungel und so. Ich weiß noch, wie ich mit meinem besten Kumpel Erwin einmal total aufgedreht nach einem Boxkampf in der Glotze auf die Cranger Kirmes gegangen bin. Da gab es eine Boxbude, und wir beide natürlich rein in die gute Stube und uns als Kandidaten gemeldet. Normalerweise kriegst du da nicht richtig einen gewemst, wenn du dich ordentlich benimmst. Aber Erwin und ich sind da wie zwei offene Hosen mit großer Klappe rein und meinten, wir wären die Kings vom Kirmesplatz. Und da haben uns die netten Herren aus dem ehemaligen Jugoslawien kurz gezeigt, wo der Hammer hängt. Teufel, haben die uns einen verpasst. Erwin und ich haben nach der Nummer auch ohne Alkohol doppelt und dreifach gesehen, und die nächsten Tage war extremes Schädelbrummen angesagt. Seitdem haben wir nie wieder die Fäuste geschwungen. Da halten wir uns an das, was mein Opa immer sagte: »Wichtich beim Klappeaufreißen is, datt du immer nen astreinen Fluchtweg parat hass.«

Als ich nach dem Ende des Boxkampfs die Schlafzimmertür öffnete, traf mich ein Ausleger direkt auf die Nase. So einen Mief hatte ich lange nicht mehr erlebt. »Sag ma, wie viel Tonnen Knoblauch haben die dir aufs Gemüse gedonnert?«

Ich ging zum Fenster, zog die Rollladen hoch und lüftete einmal kräftig durch. Aber sosehr ich auch lüftete, innerhalb von Minuten war die Bude wieder zugedampft.

In solchen Momenten habe ich das große Glück, auf jahrzehntelange Schlafzimmerkompetenzen zurückgreifen zu können. Am Anfang unserer Ehe haben Wilma und ich das Schlafzimmer tagsüber genauso oft benutzt wie nachts, aber irgendwann nagt der Zahn der Zeit an der Bettkante. Heute liegt meine nächtliche Aufgabe im Bereich wohlige Geräuschkulisse. Je nachdem, wie viel Pils ich an dem Abend getrunken hab, gibt es da verschiedene Abstufungen. Die Kleinste ist, selbst eine Nordmanntanne im Wald sägen. Das geht dann rauf bis zum automatischen Sägeroboter, der den Urwald dem Erdboden gleich macht. Wilma meinte letztens, ohne mein beruhigendes Röhren könnte sie gar nicht mehr schlafen. Aber es gibt eine Sache, die uns auch nach über vierzig Jahren Ehe noch regelmäßig auf die Palme bringt. Die Schlafzimmertemperatur. Wilma gehört zu den Leuten, die es nicht warm genug haben können. Dicke Bettdecke drauf, Körnerkissen an die Füße, alle Fenster dicht und zur Sicherheit die Heizung schön kacheln lassen. Könnte ja sein, dass über Nacht auf einmal der Klimawandel komplett zuschlägt und die Temperaturen auf zweistellige Minusgrade absinken. Ich hingegen bin von Natur aus Heißblüter. Ich lass die Knöppe meiner Schlafanzugjoppe grundsätzlich offen und für meinen Astralkörper reicht mir ein hauchzartes Laken. Schläft Wilma tief und fest, schleiche ich mich gerne zum Heizungsregler und versuche, das Teil ein paar Nummern weiter runterzudrehen. Seit letztem Winter geh ich die Sache noch mal anders an und habe zwei Ersatz-Schlafanzüge parat liegen. Verwandelt sich mein Bett gefühlt in ein löchriges Schlauchboot, stehe ich kurz auf und zieh mich um. Das ist nichts anderes, wie wenn ich früher meinem Sohn die Windeln gewechselt hab. Ist die Buxe nass, wird eine neue angezogen, und schon geht es einem besser.

Aber an dem Abend nach unserem Besuch beim Italiener war ein durchgeschwitzter Schlafanzug mein kleinstes Problem. Im Schlafzimmer stank es wie im Pumakäfig. Da fiel mir die alte Weisheit wieder ein, dass man Feuer nur mit Feuer bekämpfen kann. Mein Fehler war, dass ich selbst keinen Knoblauch gespachtelt hatte. Aber das ließ sich ändern. Ich lief in die Küche, durchstöberte Wilmas Gewürzregal und fand eine Dose Knoblauchpulver. Muss reichen, dachte ich und kippte ordentlich von dem Zeug in ein Glas. Ein bisschen Kraneberger drüber, umgerührt, und schon war die Suppe meine Speiseröhre runtergerutscht. Zur Sicherheit schnappte ich mir eine Zwiebel und kaute so lange darauf rum, bis mir die Tränen in die Augen schossen. Bevor ich zurück ins Schlafzimmer ging, ließ ich das hochexplosive Knoblauch-Zwiebel-Gemisch eine halbe Stunde in meinem Bauch wirken. Ich atmete tief ein und siehe da, ich roch nichts mehr.

Hätte jemand in dieser Nacht ein Streichholz in unserem Schlafzimmer angezündet, wär wahrscheinlich halb Gelsenkirchen in die Luft geflogen. Aber ein Naturgesetz blieb intakt, niemand und schon gar nicht meine Ehefrau hatte das Recht, mich in meinem eigenen Schlafzimmer zu übermüffeln.

GLÜCK AUF!

EUERN OTTO

KINNERS,

Mittagszeit ist Kioskzeit. Vorm Kiosk warteten schon Acki, Dietmar und mein bester Kumpel Erwin auf mich.

»Kinners, was ist los? Warum geht ihr nicht rein?«

»Guter Plan. Gibt ein Problem. Das Schild hier.«

Auf der Kiosktür war von innen ein Zettel festgeklebt:

**HEUTE GESCHLOSSEN.
MUSS AUFS AMT!**

»Was ist das denn für ne Nummer, weiß einer von euch mehr?«

»Nee, uns hat das alle kalt erwischt.«

»Warum Jupp wohl aufs Amt muss?«

»Vielleicht will er sich scheiden lassen?«

»Ach Quatsch. In unserem Alter lässt man sich nicht mehr scheiden. Da zieht man durch bis ins Grab, alles andere ist doch Mumpitz.«

So standen wir noch eine Weile vorm geschlossenen

Kiosk. Mir wurde bald klar, dass wir für heute einen neuen Standort finden mussten. Ein Ort, an dem Pils und kleine Häppchen in Massen vorrätig waren. Und Platz zum Palavern versteht sich. Der Kiosk war quasi der Keilriemen unseres Lebens, der unsere Motoren am Laufen und uns zusammenhielt. Wir durften unsere Motoren nicht abwürgen und zogen Tagesordnungspunkt Numero Uno direkt vorm geschlossenen Kiosk durch. Die große Wetterlaberei. Dabei gucken wir Richtung Himmel und feuern je nach Wetterlage ein paar Standards ab.

»Ich glaub, das zieht sich zu.«

»Ob sich das Wetter hält? Ich wollt noch in die Anlagen.«

»Gestern kam in der Glotze, auf Malle würd es schon zehn Tage durchregnen. Das ist doch auch kein Leben.«

Und was immer geht, einen Verwandten ins Spiel bringen.

»Meine Schwägerin rief gestern an. Ihre Kegelschwester hatte den ganzen Keller voll Wasser. Unwetter. Da irgendwo bei Stuttgart in der Ecke.«

So ein Gespräch wiederholt sich den Tag über gefühlte zwanzigmal. Über was willst du auch anderes reden, wenn du den gleichen Leuten immer wieder über den Weg läufst? Aber zum Glück kann sich das Wetter minütlich ändern. Dann liegt eine völlig neue Faktenlage zum Palavern auf dem Tisch. Als wir uns gerade warmgelaufen hatten in Sachen Wetterlaberei, fing es wie Sau an zu schütten. Aus Reflex bin ich volle Kanne gegen die geschlossene Kiosktür gebollert. Da rief Erwin: »Jungens, ich hab ne Idee. Neuer Treffpunkt, der Discounter bei mir ums Eck!«

Ein Plan wie von Meisterhand geschmiedet. Erwin und ich waren die Ersten. Wir fackelten nicht lange und riegelten die Getränkeabteilung großräumig mit Einkaufswagen ab. Bald stießen Acki und Dietmar dazu.

»Mensch, Acki, bring noch mal ne Tüte Erdnüsse mit.«

»Mach ich. Will noch einer Rollmöpse?«

»Nee, für Möpse hab ich meine Olle.«

Durch die direkte Anbindung an die Pilspalette hinter uns war astreine Stimmung garantiert. Bis plötzlich ein Supermarktmitarbeiter in unser Areal gestürmt kam: »Was machen Sie hier? Sie können doch nicht mitten im Laden ein Picknick veranstalten. Die ersten Kunden haben sich schon beschwert. Das ist doch hier kein Kiosk!«

Mit der Ansage war er bei Acki genau an der richtigen Stelle. Nicht umsonst hat er von uns den Namen China-Acki verpasst bekommen. Der geht bei Stress hoch wie ein Chinaböller. »Freundchen. Ich hab zwei Fragen für dich. Erstens: Warum kommst du hier ungefragt mit deinem Supermännekenkostüm in unser Hoheitsgebiet gesprungen? Zweitens: Wo und was ein

Kiosk ist, bestimmen wir immer noch selbst, kapiert? Also mach dich vom Acker und leg lieber ne Palette Pils nach. Und sieh zu, dass du ein paar Glasflaschen angekarrt bekommst. Die Plastikpullen hier sind was für Kanarienvögel!«

Kurz darauf standen wir alle Mann ohne Pils und mit Hausverbot im Regen auf dem Discounter-Parkplatz.

»Leck mich anne Hose! Das lief alles sauber durch, bis unser China-Acki ma wieder die Pimpanellen gekriegt hat. Jetzt sind wir auch nicht weiter als eben.«

Doch da kam mir schon die Erleuchtung: »Kinners, ich hab die Lösung. Wir treffen uns bei mir im Schrebergarten!«

»Bei der Kälte? Da frieren wir uns komplett alles weg.«

»Oh, ist Dr. Dietmar wieder auf Visite? Du immer mit deiner Hypoanacondakacke oder wie das heißt. Im Schrebergarten hab ich mit Sicherheit noch ne ausgediente Joppe rumfliegen. Da kannst du gerne reinschlüpfen.«

Der Schrebergarten war zu unserem Glück zu Fuß zu erreichen, also dackelten wir alle Mann hin. Wie begossene Rehpinscher kamen wir an. Ich öffnete mein kleines Törken, ging das mit allerfeinstem Marmorimitat gepflasterten Pättken zu meinem Gartenhäuschen hoch und schloss auf.

»Rein in die gute Stube. Hier ist trocken und warm

kriegen wir das auch noch irgendwie. Aber zuerst muss ich meiner Amtspflicht nachkommen.«

Ich holte meine Schalke-Fahne raus und befestigte sie an meinem Fahnenmast im Garten. »Das ist hier genauso wie bei der Königin von England. Wenn die Flagge weht, wissen alle Bescheid.«

»Du, Königin, wir haben ein klitzekleines Problem.«

»Was hast du denn jetzt schon wieder zu moppern, Acki?«

»Ich seh kein Pils und auch sonst nichts, was die Fünf-Prozent-Hürde übersteigt.«

»Au weia, du hast recht. Ich hab gar nichts da. Der Schrebergarten ist eigentlich winterfest. Ich füll das alles erst im Frühling wieder auf.«

»Königin von England am Arsch. Wenn Jupp seinen Kiosk wirklich dichtmacht, gehen wir ein wie Mettbrötchen in der Sonne. Noch so einen Tag wie heute halt ich nicht aus.«

Erwin hatte die Lage glasklar auf den Punkt gebracht. Ich suchte in meinem kleinen Kühlungskabuff hinterm Gartenhäuschen nach was Trinkbarem.

»Hier, mehr kann ich euch nicht bieten. Cola, ein Monat überm Haltbarkeitsdatum.«

»Ist egal. Hauptsache flüssig. Lass wandern die Pulle.«

»Für mich nicht, ich trink nichts Abgelaufenes. Da fängst du dir ja sonst was ein.« Ach, Dietmar.

Während wir die Flasche Cola reihum gehen ließen,

musste ich an die vielen fröhlichen Sommerabende im Schrebergarten denken. Das war kein Vergleich zu dieser deprimierenden Schlechtwettersitzung. Im Sommer brummte der Schrebergarten an allen Ecken und Enden, und jedes Jahr kommen neue junge Leute dazu. Letzten Sommer hatten mich meine neuen Nachbarn Steffi und Tobi zu einem kleinen Willkommensgrillen eingeladen. Ich bin direkt mit einer ordentlichen Lage hausgemachtem Krautsalat von meiner Wilma unterm Arm rübergedackelt. Zusammen haben wir einen toften Nachmittag verbracht, und ich hab ein paar Geschichten von früher zum Besten gegeben. Nachdem ich mich verabschiedet hatte und zurück in meinen Schrebergarten gegangen war, fiel mein Blick auf die offene Mülltonne der beiden. Was ich da sah, ließ es mir kurz schwarz vor Augen werden. Im Mülleimer lagen die Verpackungsreste von Tofu-Bratwürsten. Tofu. Der geschmacklose Kompost des Teufels. Konnte es die Möglichkeit sein? Hatten die beiden mir Tofu-Bratwürste untergejubelt? Gehörten die auch zu diesen jungen, verrückten Fleischverächtern, die sich alles rein pfeifen was Mutter Natur nicht mehr haben will?

»Hallo? Jemand zu Hause?«, hörte ich Dietmars Stimme, während er mit den Fingern vor meinen Augen schnipste.

»Tschuldigung, ich war kurz in Gedanken. Mir ist die Nummer mit der Tofu-Bratwurst wieder eingefallen. Wisst ihr noch?«

»Das war der Tag, an dem du zehn Bratwürste auf ex gefuttert hast, um das Tofu zu binden, oder?«

»Ja, das wissen wir noch. So haben wir dich bis heute nie wieder futtern sehen.«

»Haut mir ab. Das war kurz nachdem diese Gemüseseuche im Umlauf war. Ich hab um Leib und Leben gefürchtet. War sogar beim Arzt und hab gefragt, ob ich meine Tollwutimpfung auffrischen muss. Weiß der Kuckuck, was da alles drinhängt in diesem Tofuzeugs.«

Auf einmal schreckte Acki aus seinem Halbdämmer hoch: »Boah, ich halt das hier nicht mehr aus. Das ist kalt wie Arsch, wir haben nichts anderes zu saufen als Kinderplörre, und das ganze Ambiente hier kommt mir vor wie ne Igluparty im Swingerclub. Wenn Jupp den Kiosk noch einmal dichtmacht, besetzen wir den Laden.«

»Bin ich voll dafür. Wir torkeln hier wie Odysseus durch die Landschaft. So geht das nicht weiter«, warf Erwin ein.

»Odysseus spielt doch bei Gladbach, oder?« Ackis Fachsimpelei ignorierend präsentierte ich einen neuen Lösungsvorschlag.

»Wenn meine Uhr richtig tickt, ist gleich Mittag. Da hat meine Wilma einen Friseurtermin, das hab ich heute Morgen in ihrem Küchenkalender gesehen. Das heißt, bei mir zu Hause ist sturmfrei. Also lass uns Nägel mit Köppen machen, ich lad euch zu mir nach

Hause ein. Da ist's warm, flüssig, und wir können den Sportkanal einschalten. Da läuft immer was.«

»Können wir zwischendurch die Börsenmeldungen gucken? Ich überleg mein Zahngold zu verticken, wenn der Preis stimmt.«

Die abgelaufene Cola schien Erwin auf ganz spezielle Gedanken zu bringen.

In unserem Wohnzimmer karrte ich reichlich Knabberzeugs an, holte ordentlich Bier, kochte eine Kanne Kaffee und bald hatten wir alles parat stehen, was einen vernünftigen Kiosk ausmacht.

Nur eine Sache hatte ich nicht bedacht. In einem waschechten Kiosk steht nicht auf einmal deine Frau hinter dir, mit frisch gemachten Haaren und einer Gesichtsfarbe, als hätte sie die Trockenhaube auf Tiefkühlpizza eingestellt.

»Was ist denn hier los? Seid ihr alle bekloppt geworden? Hier sieht es ja aus wie auf der Müllkippe. Acki, Dietmar, Erwin, Otto? Ihr sollt euch was schämen? Ich zähl jetzt bis drei. Wenn ihr bis dahin nicht aus der Wohnung verschwunden seid, gibt das richtig Ärger!«

Au weia, wenn Wilma so auf Temperatur war, half nur die Flucht nach hinten. Also sind wir raus aus der Bude und in der Hektik dahin gelaufen, wo wir automatisch immer hinlaufen, wenn es eng wird. Zu Jupps Kiosk. Und als wäre nichts gewesen, stand die Kiosktür wieder sperrangelweit auf. Wir stürmten in den Kiosk, und da stand er, unser Jupp. Ich drückte ihn an meine Brust: »Nie haben wir uns so gefreut, dich zu sehen. Du glaubst gar nicht, was wir für einen Tag hinter uns haben. Mach das nie wieder mit uns! Wenn du den Kiosk das nächste Mal einfach so dichtmachen willst, dann sag vorher Bescheid, und wir finden eine Lösung, kapiert? Aber was ist denn überhaupt passiert? Warum hast du Knall auf Fall die Schotten dichtgemacht?«

»Ach, alles Kacke, große Kacke. Das Haus hier wurde an eine Immobiliengesellschaft vertickt, richtig teuer vertickt. Und da kam heute ein Brief angeflattert. Von wegen, wir setzen Sie über umgesetzte Baumaßnahmen in Kenntnis. Mich setzen die in Kenntnis, verstehste? Und was von Umlegung der Kosten auf die Miete. Auf die Miete! Für mich heißt das ganze Geschwurbel nur eins, eins heißt das. Die wollen mich hier raushaben. Raushaben wollen die mich. Bin heute sofort aufs Amt und von da zum Mieterschutzbund. Die meinten es wäre besser, also ich mein besser wär es, ich würd das von Anfang an mit einem Anwalt machen. Ich hab ne Liste mit Anwälten mitbekommen. Da such ich mir einen raus und geh die Tage hin. Dann weiß ich hoffentlich mehr, hoffentlich, ne.«

»Wichtig ist, dass du nicht in Panik kommst. Dackel in Ruhe zum Anwalt, und wenn du mehr weißt, dann mach uns ma ne Ansage. Wenn wir dir helfen können, stehen wir parat. Niemand legt ungestraft Hand an unsern Kiosk.«

Ich wartete noch ein paar Stunden ab, bevor ich mich wieder nach Hause traute. Ich besorgte Wilma einen schönen Strauß Blumen und schlich mich in die Wohnung. Wilma saß knötterig auf dem Sofa und hatte noch nicht einen Krümel von unserem Chaos weggeräumt. Ich setzte mich neben sie und hielt ihr die Blumen hin: »Mein Täubken. Bitte verzeih mir. Ich weiß nicht mehr ein noch aus, wenn der Keilriemen meines Lebens in Gefahr ist.«

»So was Schönes hast du ja noch nie zu mir gesagt. Aber ich bin doch nicht in Gefahr, wie kommst du denn darauf?«

IN DIESEM SINNE, GLÜCK AUF!

EUERN OTTO

KIOSKSTUNK

KINNERS,

es dauerte nicht lange, bis Jupp mein Hilfsangebot annahm.

»Ich muss morgen zum Anwalt. Kannst du wohl den Laden von 7 bis 15 Uhr für mich übernehmen? Also, das ist schon morgen.«

»Kein Thema.«

Das Gehampel um Jupps Kiosk machte mich selbst schon ganz kirre. Ich hab erst gar nicht kapiert, was da überhaupt los war, aber als ich später in Jupps Kiosk stand, erklärte er mir sein Problem.

»Die packen mich doppelt am Schlafittchen, richtig fest. Ich hab ja erzählt, das Haus hier wurde an eine Immobiliengesellschaft vertickt. Meine Wohnung und mein Kiosk wurden einfach vertickt. Jetzt haben die Dämmung an die Wände gekloppt, die haben gedämmt ohne Ende, eine neue Heizung in den Keller gepackt und dem Haus neue Fenster und ein neues Dach verpasst. Also neu, richtig neu. Das spart Energie wie nichts. Aber das sind Füchse, richtige Füchse. Denn alles andere von Treppenhaus bis Badezimmer ist noch auf Stand von 1974. Das ist noch so, wie Rita und ich hier eingezogen sind. Aber die Energiesparklamotten, darauf kam es denen an. Nur darauf. Denn jetzt können die meine Miete richtig erhöhen, einen richtigen Schlag drauf hauen, und das haben sie auch vor. Bald bin ich fällig, dann wollen die mehr Kohle sehen, viel mehr. So viel verdien ich gar nicht, Otto, ich kann das gar nicht bezahlen! Meine arme Rita ist schon fix und fertig.«

»Du musst auf jeden Fall gegen die Mieterhöhung kämpfen. Wenn die Immobilienheinis damit durchkommen, brauchst du entweder einen ordentlichen Schlag mehr Kohle in der Tasche oder du musst für dich und deinen Kiosk eine neue Heimat suchen. Und das wär der Super-GAU, schlimmer als damals die Kacke mit dem Dosenpfand.«

»Das kannst du laut sagen, aber richtig laut. Morgen hab ich einen Termin beim Anwalt, der Anwalt muss mir helfen.«

»Ich hab in dem Kiosk hier mehr Zeit verbracht als in meiner eigenen Hütte. Ich weiß, wo der Hase lang hoppelt. Also mach dir keinen Stress.«

»Ein paar Sachen muss ich dir erklären. Ganz wichtig ist das. Also hör gut zu, ne. Die wichtigste Regel. Keinen Alk und keine Fluppen an Minderjährige. Sonst landen wir beide im Bau. Und das wollen wir nicht, oder? Wenn du dir nicht sicher bist, lass dir den Ausweis zeigen. Immer nach dem Ausweis fragen, ne.«

»Is notiert.«

»Und sieh zu, dass die Kasse stimmt. Da darf nichts fehlen.«

»Mach dir keine Sorgen, du kennst doch den alten Spruch. Auf jedem Schiff, das dampft und segelt, gibt es einen, der vertikal aus dem Bullauge pinkelt.«

Am nächsten Morgen warf mich Wilma um Punkt 5 Uhr 30 aus der Poofe: »Aufwachen! Du musst auf Schicht!«

Ich bin wie ein angestochener Zeisig aus dem Bett und rein ins Bad. Alles wie immer. Rasiert, rein in die Klamotten, Bütterken auf die Hand und den gepackten Henkelmann von Wilma unter den Arm geklemmt. Eine halbe Stunde später stand ich mit meinem Auto vorm Pförtnerhäuschen: »Redenkämper, BWO Z2.«

»Sie hab ich hier ja noch nie gesehen.«

»Komm, Junge, mach jetzt keine Faxen, meine Schicht fängt gleich an. Ich arbeite seit 1964 hier unter Tage.«

»Unter Tage? Die letzte Fuhre ist hier vor Jahren rausgeholt worden. Bei Ihnen alles klar?«

Ach du Kacke! Da ging mir ein Grubenlicht auf. Wilma hatte mich so energisch geweckt, dass in meinem Kopf ein paar Drähte falsch gekoppelt wurden. Eine über vierzig Jahre erprobte Routine bleibt eben an der Hirnrinde kleben. Was drückt die mir auch den Henkelmann in die Hand und schickt mich mit einem »Glück auf!« raus aus der Bude. Ich war doch noch gar nicht richtig wach. Das letzte Mal, dass ich um 5 Uhr 30 aufgestanden bin, war zu meiner letzten Schicht. Kein Wunder, dass ich wie ferngesteuert wieder zu meiner alten Zeche gefahren bin.

In Jupps Kiosk hab ich mir erst mal einen achtfachen Kaffee gezogen, um mein Gehirn wieder auf aktuellen Stand zu bringen. Jupp hatte mir extra die Jugendschutzbestimmungen rausgelegt und mir einen Zettel geschrieben:

IM KIOSK IST ABSOLUTES RAUCHVERBOT. DER AKTUELLE KASSENSTAND BETRÄGT 487.90 EURO. NACHSCHUB FÜR KLEINGELD LIEGT IM GRAUEN SCHRANK IM HINTERZIMMER.

Menschenskinder, Jupp war aber auch manchmal eine hibbelige Büroklammer. Das Einzige, was Jupp tat, war ein paar Sachen verticken, Labern und in die Luft gucken. So schwer konnte das nicht sein.

Eine Stunde später stand ich nass geschwitzt bis auf die Unterbuxe hinterm Verkaufstresen.

»Hast du mir deinen Ausweis schon gezeigt?«

»Wie viel Schlümpfe wolltest du?«

»Wie, die Milch ist abgelaufen? Moment, ich hole eine Neue von hinten.«

Wär mir klar gewesen, dass die Kioskvertretung ein lupenreiner Knochenjob ist, hätt ich nie zugesagt. Wie schaffte Jupp das nur, dass bei ihm alles so spielend aussah?

»Morgen! Wo ist denn Jupp abgeblieben?«

Zwei Polizisten betraten den Laden, beim Anblick der Staatsmacht wurde mir ganz anders. Jetzt nur keine Fehler machen.

»Sehr verehrte Herren Wachtmeister, der Jupp ist beim Anwalt, wegen dem Ärger mit seinem Vermieter.«

»Stimmt. Sie sind also die Vertretung? Dann möchten wir gerne Ihren Vertretungsschein sehen.«

»Meinen was?« Toll. Jupp hatte an alles gedacht, was ihn in Sicherheit bringt, aber mich ließ er hier eiskalt in den Knast tapsen. »Ich habe nur meinen Ausweis und meinen Führerschein am Mann, reicht das auch?« Der Wachtmeister nahm meinen Ausweis und holte sein Funkgerät. »Ich hab hier eine Personenkontrolle. Redenkämper, Otto. Ein ganz zwielichtiger Typ. Fragt bitte bei euch im Büro, wie viele belegte Brötchen der für euch fertig machen soll und wer Kakao dazu will.«

Die Polizisten brachen in schallendes Gelächter aus und klopften mir auf die Schulter. »Spaß muss sein, nicht wahr?!«

»Das sind zehn Brötchen mit Salami, zehn mit Schinken und Käse und fünf Flaschen von dem Kakao hier.« Ich stand da wie der Ochse vorm Bodensee. Und seit wann vertickerte Jupp Brötchen in seinem Kiosk?

Ich muss dabei sagen, so früh am Tag war ich noch nie bei Jupp. Aber, dass der nebenbei eine Bäckerei am Laufen hatte, war mir neu. »Kein Problem die Herren, ich geh kurz nach hinten und mach die Sachen fertig.«

Im Hinterzimmer schnappte ich mir das Telefon und erwischte Jupp zum Glück auf seinem Handy.

»Jupp, du alter Dealer, seit wann verkloppst du belegte Brötchen in deinem Kiosk, und wo hast du die Dinger versteckt?«

»Verdammt! Das hab ich total vergessen. Vergessen hab ich das. Die Jungs von der Polizei kaufen bei mir immer ihre Brötchen. Als Unterstützung für meinen Laden. Feine Sache, oder?«

Jupp erklärte mir, wo sich die Klamotten befanden, und ich tackerte den Jungs im Nu astrein belegte Brötchen zusammen. Hatte Wilma ja seit Jahren jeden Morgen dabei zugeguckt. Brötchen aufschneiden, Margarine auf beide Seiten, Belag drauf und als Schaumfestiger einen Schlag gute Butter drüber. Fertig waren die Schlaganfallbeschleuniger. Als die beiden Polizisten endlich auf dem Weg nach draußen waren, blieb einer von beiden plötzlich stehen: »Total vergessen. Mein Vatti hat heute Geburtstag. Habt ihr da was Feines für meinen alten Herrn in eurem Whiskeyschrank rumfliegen?«

Da war ich aber im Nu auf der Hut. Ob das ein Testkauf war? Denn der Polizist, der den Whiskey kaufen wollte, sah verdächtig jung aus. Ich ging auf Nummer Sicher. »Whiskey haben wir reichlich da, aber da müsste ich vorher Ihren Ausweis sehen.«

»Ha, guter Konter. Kein Thema. Jetzt zeigen Sie mir mal den Whiskey.«

»Wie gesagt, ohne Ausweiskontrolle läuft hier gar nichts.«

Als ich fünf der zwanzig belegten Brötchen auf hatte, war ich tapfer genug, Jupp eine SMS zu schreiben: »Das mit der Ausweiskontrolle läuft wie geschmierte Brötchen. Die Jungs von der Polizei kaufen ab heute woanders. Dafür kannst du Rita sagen, sie braucht heute nicht kochen.«

Gegen Mittag kehrte endlich Ruhe im Kiosk ein, und ich gönnte mir ein kleines Arbeitsbier. Ich stellte die Pulle auf den Tresen und plötzlich begann alles zu wackeln. Wie in diesem Dinosaurierfilm das Wasserglas. Sackte der Kiosk gerade in einen alten Bergbaustollen ab oder ließ mich mein Blutdruck im Stich? Mit einem Mal sprang die Kiosktür auf und eine Horde Kinder stellte alles auf den Kopf. Schulschluss. Verdammte Kacke.

»Haltet sofort die Klappe oder ich schmeiß euch hochkant raus! Das geht jetzt hier schön der Reihe nach.«

Für zwei Sekunden war es totenstill im Laden, dann brach Chaos aus.

»Guckt mal, der Opi da, ist der aus dem Altenheim

geflohen?« – »Krass, wie laut der schreien kann, ohne dass ihm sein Gebiss rausfliegt.«

»Hier Opa, was kost das?«

Ich kassierte in der nächsten halben Stunde grob geschätzt drei Gesamtschulen ab. Als endlich wieder Ruhe im Laden herrschte, fuhr mir der Schreck in die Glieder: das Jugendschutzgesetz! Ich hatte vor lauter Aufregung gar nicht auf die Einkäufe der Kinder geachtet. Alkopoppers, oder wie das Zeug heißt, kannst du von den anderen Sachen ja gar nicht mehr unterscheiden. Und von dem Unterschied zwischen Kaugummizigaretten und echten Glimmstängeln will ich gar nicht erst anfangen. Zum Glück konnte ich die Polizei heute hautnah davon überzeugen, wie ernst ich es mit der Ausweiskontrolle nahm. Also würde der Verdacht nicht auf mich fallen, wenn in Gelsenkirchen-Buer die Hälfte der Schulkinder mit einer Fahne und einer Kippe im Mundwinkel am Mittagstisch sitzt. Ich schaute auf die Uhr. Noch zwei Stunden bis zu Jupps Rückkehr, dann hatte dieser Höllenritt endlich ein Ende.

»Ich hab Ihre Bestellung in den Hof gestellt. Zwanzig Kisten Pils, zwei Kartons Schnaps, eine Kiste Cola und sechs Flaschen Mineralwasser. Leergut hab ich eingeladen und verrechnet. Ich bräuchte noch ein Autogramm von Ihnen.«

Soll wohl passen, dachte ich und unterschrieb die Quittung vom Getränkelieferanten. Das war die Gelegenheit, meine Schnitzer wieder auszubügeln. Wenn ich alle Kästen in den Kiosk schob, brauchte Jupp sich nicht darum zu kümmern. Ich schnappte mir die Sackkarre, lud gut was drauf und lief los. Ich schob die Kästen durch die Hintertür in den Laden und bollerte auf einmal volle Kanne gegen ein unbekanntes Objekt. Die Getränke flogen in hohem Bogen durch die Luft und Sekunden später war der gesamte Fußboden voller Glasscherben und lauwarmer Plörre: »Ich werd zum Elch! Welche Mumie hat hier ihren Rollator mitten im Gang stehen lassen?«

Als ich mich umschaute, sah ich Oma Anklam kopfüber im tropfnassen Zeitungsregal hängen. »Oma Anklam, ist dir was passiert? Warte, ich helf dir hoch!«

»Lass die Finger von mir! Ich hab acht Kinder auf die Welt gebracht und zu vernünftigen Erwachsenen erzogen. Da werd ich doch wohl alleine aufstehen können. Hol mir lieber einen Lappen, damit ich mich sauber machen kann. Aber zackig!«

Ich fand auf die Schnelle keinen Lappen, also riss ich eine Packung Toilettenpapier auf und wischte Oma Anklam die Klamotten sauber.

»Soll ich hier festwachsen? Hol mir meinen Rollator!«

Ich holte das Seniorenmofa und geleitete Oma Anklam über den nassen Boden zur Kiosktür hinaus. Als Entschädigung steckte ich ihr ein paar Flaschen Doppelkorn in die Rollatortasche.

»Trink einen für mich mit. Ich komm die Tage bei dir vorbei.«

»Mach das, mein Junge. Aber sieh zu, dass du vorher die Sauerei hier wieder sauber machst.«

Als ich Oma Anklam wegzuckeln sah, überlegte ich, wie lange ich sie schon kannte. Sie war schon immer unsere Nachbarschaftsoma, jeder kannte sie, alle duzten sie, und alle zusammen passten wir auf sie auf. Aber Oma Anklam hatte recht. Ich musste irgendwie den Kiosk wieder sauber bekommen. Nur mit Klopapier konnte das nichts werden. Da kam mir ein Gedanke: Das kann nur Wilma. Sofort kam mir ein zweiter Gedanke: Wilma ist heute mit ihrer Gymnastiktruppe auf Kaffeefahrt nach Hattingen. Hieß für mich, ich musste selber ran. Nur, wo waren Jupps Reinigungsutensilien verstaut? Ich schrieb ihm eine SMS: »Jupp, mir ist hier eine Packung Cornflakes aufgerissen, wo hast du Besen und so Zeug?«

»Was sollte die Brötchen-SMS vorhin?«

Eine halbe Stunde später war ich mit Wilmas gesamter Putzkammereinrichtung im Kofferraum auf dem Weg zurück zum Kiosk. Wieso stand die Tür vom Kiosk sperrangelweit offen? Ich hatte die sowas von verrammelt, da konnten nur Einbrecher am Werk sein. Ich schnappte mir den stabilsten Wischmopp aus Wilmas Sortiment, stürmte »Haltet den Dieb!« schreiend in den Laden und lief direkt in Jupps Arme.

»Ich glaub das nicht. Ich glaub das einfach nicht. Da lass ich dich für ein paar Stunden allein, nur ein paar Stunden, und du legst hier alles in Schutt und Asche. Guck dich doch ma um! Siehst du das? Der Boden klebt wie Sau, wie Sau klebt der. Hier ist alles voll Glas und hinter der Theke liegen eingeweichte Brötchen ohne Ende. Alles voll Brötchen. Hast du sie noch alle?«

»Das war eine Verkettung unglücklicher Umständlichkeiten.«

»Umständlichkeiten? Ich geb dir Umständlichkeiten! Da hat mein Vermieter mir mit seinen ganzen fiesen Schreiben weniger geschadet, wie du mir an einem Vormittag. Viel weniger hat der mir geschadet. Sieh zu, dass du Land gewinnst. Aber zackig. Ich will dich nicht mehr sehen. Du hast Kioskverbot!«

Jupps Worte trafen mich wie ein Vorschlaghammer. Kioskverbot. Wo sollte ich denn jetzt hin? Ohne Kiosk? Und wie konnte ich das je wieder gutmachen?

EIN RATLOSES GLÜCK AUF!

EUERN OTTO

NACKENPOLKA

KINNERS,

als ich am Tag nach meiner Plackerei in Jupps Kiosk geschmeidig wie ein Elf aus dem Bett springen wollte, merkte ich, dass irgendwas klemmte. Mir war schwindelig, und ich hatte rasende Kopfschmerzen. Ich schälte mich wie ein altes Nashorn in der Brunftzeit aus der Kiste. Kein Wunder, dass mein Nacken so aus der Bahn geraten war. So gerackert wie in Jupps Kiosk hatte ich seit Jahren nicht mehr. Und dann das Drama mit dem Kioskverbot. Nachts hatte mich ein Albtraum nach dem anderen heimgesucht. Ohne meinen Kiosk war ich völlig aufgeschmissen. Aber jetzt musste ich erst meinen Nacken in den Griff kriegen, denn mit einer hämmernden Birne ließ sich nicht klar denken und schon gar kein Streit schlichten. Meine Wilma war so gut, mir zum Frühstück ein Körnerkissen warmzumachen. Die hat sie selbst in ihrem Nähstübchen genäht. Die Aufgabenteilung bei uns ist glasklar geregelt. Ich guck Schalke, und Wilma näht ihre Körnerkissen. Als das anfing mit der Körnerkisserei war sie davon so begeistert, dass sie dachte, sie hätte was ganz Neues erfunden. Also hat sie mit ein paar Bekannten aus ihrer

Gymnastiktruppe bei uns auf dem Weihnachtsmarkt ein Büdchen gemietet und versucht, die Dinger zu verkloppen. Genau in der Woche kamen die Teile beim Discounter rein. Zwei Stück für 2,99 Euro. Mein Versuch, die Sache zu retten, indem ich alle Bekannten bat, bei Wilmas Weihnachtsbüdchen Kissen zu kaufen, war ein Schuss in den Ofen. Meine Kumpels waren so verpeilt unterwegs, dass Sie beim Kaufen das Labern anfingen. Nach dem Motto »Otto meinte, wir sollen hier was kaufen, weil das nicht rund läuft«. Zur Krönung hab ich am letzten Tag versucht, Wilma in diesem Weihnachtsbüdchen zu einem experimentellen Begattungsversuch zu überreden. Aber auch das Vorhaben ging komplett daneben.

Mein Nacken war kurz davor, mir die Schädeldecke zu sprengen. Und ich rede hier von einem ausgewachsenen Stiernacken allererster Güte. Da legte mir Wilma das Körnerkissen über mein Unterhemd. Falls es ihr Plan war, meine Nackenschmerzen wegzubrennen, war ihr das voll gelungen. Den Abdruck von dem vermaledeiten Ding hab ich die nächsten fünf Tage noch auf meiner Haut mit mir rumgetragen.

»So heiß kann das doch gar nicht sein. Das muss an unserer neuen Mikrowelle liegen. Ich mach das immer auf genau zwei Minuten.«

»Is klar, die Wattstufe hat ja auch nichts zu bedeuten, wa.«

Dann überraschte mich Wilma mit einem Vorschlag, der mir die Tränen in die Augen trieb. »Wenn das alles nicht hilft, dann probier es doch mit Rotlicht.«

Dass meine Wilma mir zur Behandlung meiner Nackenschmerzen erlaubte, eine erotische Massage über mich ergehen zu lassen, verschlug mir die Sprache. Ich suchte direkt in der Boulevardzeitung nach einschlägigen Angeboten und merkte schneller als mir lieb war, dass ich auf dem völlig falschen Dampfer unterwegs war. Wilma meinte gar keinen gepflegten Puff-Besuch, sondern eine Rotlicht*lampe*. Mit solchen Fisimatenten brauchte sie mir gar nicht zu kommen. Ich bin schließlich ein waschechter Gelsenkirchener Zwölfender und kein halbes Brathühnchen. Dann kann ich mir gleich noch zwei Pommes in die Ohren stecken und fertig ist das Nackenkotelett. Soweit kommt das noch. Da versuchte ich lieber, die Nackenschmerzen mit einer inneren Kräuterbehandlung, also zwei ordentlichen Gläsern Kräuterschnaps, zu behandeln. Als selbst Dr. Schnappes keine Wirkung zeigte, machte ich mich auf den Weg zum Arzt.

Wie das so ist als Rentner, im Wartezimmer kennt und trifft man sich. Mein alter Schulfreund Karlhans war schon vor Ort und so ein Plausch über Zipperlein war nie verkehrt. Sein Spitzname war früher übrigens Karlaschnikow. Weil er, immer wenn es bei seinen Perlen ans Eingemachte ging, zu schnell abzog.

»Mensch, Karlhans, du hier und nicht in Russland?«

»Grüß dich, Otto. Ich hab um 12 Uhr einen Kontrolltermin wegen meinem Diabetes.«

»Hömma, Karlaschnikow, da hast du wieder zu früh gefeuert. Guck ma aufn Tacho. Es ist erst 10 Uhr. Hast du deine Uhr auf tasmanische Sommerzeit laufen oder was?«

»Nee, ich weiß, dass ich zwei Stunden zu früh dran bin. Aber soll ich dir was sagen? Hier in der Praxis ist es schön warm, es gibt was zu lesen und ein Glas Wasser gibt es auch noch umsonst dazu. Was willst du mehr? Ich kann das Gesabbel von meiner Ollen den ganzen Tag über nicht an der Birne haben und für draußen auf ne Bank zu setzen ist es zu kalt. Also hab ich mir gedacht, gehst du nach deinem morgendlichen Gang zum Kiosk direkt weiter zum Arzt.«

Da fiel mir nichts mehr zu ein. Setzt sich der Heiopei freiwillig zwei Stunden zu früh ins Wartezimmer. Er meinte, als Rentner würde ihm ein ordentlicher Schlag Krankenkassenbeiträge abgezogen und die müsste er durch kostenloses Zeitunglesen und Mineralwasser wieder einspielen.

Als die Temperatur im Wartezimmer zielsicher auf 35 Grad zusteuerte, und ich dank der bunten Blätter über die aktuelle Lage aller Königshäuser in Europa im Bilde war, kam ich endlich an die Reihe. Ich erzählte dem Doktor von meinem Nackenleiden und stand wenig später mit einer Packung Schmerztabletten und einem Rezept für Krankengymnastik wieder vor der Praxis. Karlhans hatte zu dem Zeitpunkt noch eine Stunde Restwartezeit auf dem Tacho.

Kurz darauf stand auch schon der erste Krankengymnastik-Termin auf dem Programm. Für einen echten Kerl wie mich war Krankengymnastik an sich eine Demütigung. Das sieht wie ein Geburtsvorbereitungskurs im Antilopengehege aus. Aber wer morgens schmerzfrei aus der Kiste kommen will, muss leiden. Ich war ein bisschen zu früh bei der Gymnastikbude, und da mich mein Magen dezent darauf hinwies, dass stramme Mäxe zum Mittagessen nicht genug waren, durchsuchte ich das Jagdrevier nach fleischiger Beute. Schräg gegenüber gab es eine feine Dönerbude.

**DÖNER MIT ALLES
FÜR 99 EUROCENT**

Kannst du nichts gegen sagen. Ich nutzte die Zeit, um mir einen Döner mit doppelt Zwiebeln, ordentlich Tzatziki und roter Soße einzuverleiben. Mit einem Pils spülte ich nach und war gerüstet für alles, was da kommen sollte. In der Gymnastibude sah ich eine schöner behupte Trainerin nach der anderen. So langsam bekam ich Geschmack an der Sache.

»Sind Sie Herr Reden ... Redenkü ... Otto? Wir hier

uns duzen, ich sein Toni. Ich sein dein Trainer für nächste Wochen. Ich kommen aus Russland.«

War klar. Das Schicksal hatte eiskalt zugeschlagen und mir zwischen all den jungen Dingern einen Kerl als Trainer rausgepickt. Toni sah aus wie ein sibirischer Schwergewichtsboxer und hatte mehr Pomade im Haar, als ich in meiner gesamten Pubertät verbraucht habe. Sein Aftershave war ebenfalls nicht ohne, ich tippte auf »Donnerbalken No. 4«. Das Zeug zog einem die Zehennägel kraus.

»Otto, du gehen in Kabine fünf, links hinten. Ich kommen gleich. Du haben schon Jogginghose und Badeschlappen an. Ist perfektes Outfit. Du laufen immer so rum?«

Ich ignorierte Tonis Frage und ging durch zu Kabine fünf. Und da begann die Lage grenzwertig zu werden. Kabine fünf war ungefähr so groß wie der Kofferraum meiner Karre. Die gefühlte Temperatur lag bei 40 Grad und von einer Lüftungsmöglichkeit war weit und breit nichts zu sehen. Von mir aus, dachte ich, wollen wir doch mal sehen, wer über die volle Distanz kommt. Toni mit seinem »Donnerbalken No. 4« oder ich mit meinem Dönerschweiß.

Als Toni die Tür zur Kabine öffnete, wusste ich, die erste Runde ging an mich. Er verzog die Nase, schwankte zurück, sammelte sich kurz, trat ein und schloss die Tür hinter sich.

»Auf Überweisung von Arzt stehen, Halswirbelsäule

machen Probleme. Bitte mach dich frei, damit ich schauen kann Hals und Rücken.« Gesagt, getan.

»Ich nicht meinte ausziehen, Otto. Du können Unterhose wieder anziehen. Nur Rücken und Hals ich sehen muss.«

Nach diesem kleinen Missverständnis lief Toni ein paar Mal um mich rum und musterte mich wie eine Statue im Folkwang. Einen Prachtkörper wie meinen bekommt selbst er nicht alle Tage zu Gesicht. »Okay. Ich haben alles gesehen. Du legen mit Bauch hier auf Liege. Ich tasten ab Nacken und Rücken. Muss fühlen was kaputt.«

Toni drückte herzhaft auf Rücken und Nacken rum.

»Irgendwas läuft hier schief. Mir ist schwindelig, und mein rechtes Ohr piepst wie sonst was.«

»Sein normal. Dein Rücken sein kaputt. Du haben schwer malocht früher?«

»Aber vom Allerfeinsten. Ich war unter Tage als Bergmann unterwegs.«

»Meine Großeltern in Russland auch haben gearbeitet in Bergbau. Alle tot mit vierzig Jahre. Arbeit war zu hart. Lunge, Rücken, alles kaputt. Aber du nicht Rente? Haben viele Jahre nichts gearbeitet, oder?«

»Von wegen! Ich hab kein Schalker Spiel der letzten Saison verpasst. Mehr war nun wirklich nicht drin.«

»Nicht gut. Du müssen machen mehr Bewegung. Du nicht wissen, Sport gucken und Sport machen sein Unterschied?«

»Ich glaub, du und meine Frau Wilma, ihr beide würdet euch gut verstehen. Die erzählt mir auch immer so einen Käse. Ich sag dir eins, Schalker Spiele gucken ist das beste Kreislauftraining überhaupt.«

»Ich dir zeigen Übungen. Du können auch machen vor Fernseher, wenn Schalke spielt. Du legen auf Rücken und stellen Beine in Winkel auf. Wenn Beine in Winkel stehen, versuche, Hintern hochzuheben.«

»Kein Thema, mein Gemächt hochstrecken war schon immer eine meiner leichtesten Übungen.«

»Und jetzt, du bleiben so und heben linke Bein hoch, bis gerade nach oben zeigt.«

Es soll schon Robben gegeben haben, die anmutiger von einem Eisberg gerutscht sind, aber sonst ist wohl noch nie jemand mit größerer Anmut wie ich an diesem Tag von einer Gymnastikliege geplumpst. Als ich das Bein hochnahm, kam ich ins Schwanken, verlor mein Gleichgewicht und fiel links rüber von der Liege.

»Otto! Was du machen! Mir noch nie passiert. Alles okay bei dich?«

»Alles tutti, jetzt hab ich passend zum Schwindel und dem Piepsen im Ohr noch ne Lage Kopfschmerzen. Sonst ist alles im Lack. Aber weißt du was, mein lieber Toni, machen wir uns nichts vor. Ich und Krankengymnastik, das ist wie Perlen vor die Säue oder Meistertitel nach Bayern.«

Ich glaub, Toni war es auch ganz lieb, mich wandelnde Dönerbude los zu sein. Und so haben wir uns auf einen Deal verständigt. Wir fassten den Entschluss, dass die Sache bei mir hoffnungslos ist. Ich ging brav zu allen Krankengymnastik-Terminen vorne in die Gymnastikbude rein, unterschrieb das Formular für die Krankenkasse, und Toni ließ mich durch den Hinterausgang wieder raus. So konnte ich Wilma weiterhin mit meinem Engagement für meine Gesundheit beeindrucken, und es gab keine Probleme mit der Krankenkasse.

Als ich nach der zehnten Hintertürstunde nach Hause kam, lag meine Wilma rücklings auf unserm Flokati. »Hast du Herzklabastern oder was zappelst du hier auf dem Boden rum?«

»Quatsch, ich hab mir eine Gymnastik-DVD beim Teleshopping-Kanal bestellt. Paar-Gymnastik, wir müssen doch deine Krankengymnastik zu Hause fortführen.«

»Paargymnastik können wir gerne machen, aber wollen wir uns da nicht lieber auf die Körpermitte konzentrieren? Und was hast du überhaupt für ne komische Buxe an?«

»Das ist eine Jeggings, die sind gerade total angesagt in Amerika.«

»Wohl eher in Bolivien. Was soll das überhaupt sein, ne Jeggings?«

»Das ist eine Mischung aus Jeans und Leggings haben die im Verkaufskanal gesagt.«

»Ach, und demnächst haben wir noch einen Föster im Bad hängen, ne Mischung aus Föhn und Toaster.«

Ich ließ Wilma noch ein paar Tage weiter in ihrer Jeggings vorm Fernseher rumzappeln, bis mir die Gymnastik-DVD versehentlich in den Papierkorb gerutscht ist. Was meinen Nacken angeht, der wurde nach ein paar Wochen von selbst wieder besser. Wie das so ist mit den Rentnerleiden. Mit Behandlung geht es nach einem Monat weg, ohne Behandlung nach vier Wochen. Hauptsache, im Wartezimmer ist es schön warm, und es gibt neue Zeitungen. Alles andere regelt sich von allein.

EIN MOPSFIDELES GLÜCK AUF!

EUERN OTTO

SCHLAPPENTAUSCH

KINNERS,

seit dem Streit mit Jupp hatte ich immer noch kein
Wort mit ihm gewechselt und einen großen Bogen um
den Kiosk gemacht. Ein Ruhrpott-Rentner ohne seinen Kiosk ist wie ein Dackel ohne Hundekörbchen.
Heimatlos. Also begann ich zu tapern. Tapern ist quasi
wie Spazierengehen, nur ohne Grund, ohne Ziel und
im Schneckentempo. Weil, es geht nicht darum, irgendwo anzukommen. Es geht darum, so viel Zeit wie
möglich totzuschlagen, bis irgendwas passiert.

Als ich einmal nach dem Frühstück lostaperte, Kon-
trollrunde durch mein Revier, kam ich direkt vor unserer Haustür aus dem Tritt. Mein Schuhband war offen. Ich bückte mich, und während ich versuchte, den
vermaledeiten Knoten aus dem Schuhband zu frickeln,
spürte ich plötzlich einen leichten Druck auf dem Rücken, gefolgt von einem Windzug. Ich schreckte hoch
und sah, wie ein Blag lachend weglief. Ich brauchte ein
paar Sekunden, bis ich verstand, dass das Blag meine
Situation schamlos ausgenutzt, zu einem Bocksprung
angesetzt und diesen auch ausgeführt hatte. Warte ab,
dich pack ich mir, dachte ich und lief los. Leider konnte

mein Körper so schnell nicht vom Tapermodus in den Laufmodus umschalten. Mir ging nach ein paar Metern die Puste aus, und ich musste das Blag entwischen lassen. Aber mein Adlerblick ließ mich nicht im Stich. Ich prägte mir die Rückansicht des Blags genau ein. Nie würde ich die blonden Haare und die abstehenden Ohren vergessen.

Einen Tag später war ich pünktlich zum Schulschluss auf dem Posten. Denn nach meinem ersten Schock war mir eingefallen, dass ich das Blag nicht zum ersten Mal gesehen hatte. Das ging hier in der Nähe zur Schule und lief öfter durch meine Straße. Aber ich wollte den Jungen auf frischer Tat ertappen, also stellte ich mich in die exakt gleiche Position wie am letzten Tag. Getreu der Parole »Hände auf den Boden, Hintern in die Höh«. Als meine Gelenke langsam zu rosten begannen und ich mich nach Toni dem Krankengymnasten zurücksehnte, spürte ich eine Bewegung an meinem Hinterteil. Aha, das Blag setzt zum Sprung an. Aber wieso hat das Blag nasse Hände? Ich schoss hoch, und hinter mir stand mein Nachbar, der feine Herr Schröter, mit seinem noch feineren Dalmatinerkläffer. »Herr Redenkämper, ich weiß nicht, warum Sie hier der Welt ihren Hintern entgegenstrecken. Aber scheinbar hat ihr Mittelbau schon Freunde gefunden. Mein Wallot konnte einfach nicht widerstehen.«

Hoffentlich hatte keiner gesehen, wie der räudige

Dalmatiner mit seiner feuchten Nase genüsslich an meinem Hinterteil schnupperte. Ich konnte froh sein, dass die Töle nicht gleich zur Begattung angesetzt hat.

Einen weiteren Tag später war es an der Zeit, die Winterreifen zu wechseln. Eine optimale Gelegenheit, mich erneut auf die Lauer zu legen. Dieses Mal in sicherer Distanz von Hunden und sonstigen feindlichen Angriffen. Ich halte mich bei Winterreifen an die goldene Regel »Oktober drauf, Ostern runter«.

Was Reifenwechseln angeht, gibt es bei uns im Ruhrpott ein paar knallharte Regeln. Wichtig ist, die Reifen für jeden sichtbar, am Bürgersteig parkend zu wechseln. Und die Buxe muss beim Wechselvorgang reichlich Spiel haben, so dass so viel Kimme wie nötig, aber so wenig wie möglich preisgegeben wird. Ich wollte mich so lang mit dem Schlappenwechsel aufhalten, bis ich das Bocksprung-Blag wieder vor die Augen bekam. Denn niemand bebockspringt einen Otto Redenkämper ungestraft. Dem Bürschchen würde ich die Leviten aber mal so was von lang ziehen. Früher gab es so was nicht. Da haben wir ältere Leute mit Anstand behandelt, genau wie unsere Karren. Das Auto war schon immer Teil der Familie.

Als sich das Bocksprung-Blag bis zum Nachmittag nicht blicken ließ, beendete ich die Aktion und fuhr kurzerhand in die Waschanlage.

Autowäsche ist Männersache. So wenig Ahnung ich

vom Putzen hab, umso besser kenn ich die Pflegemittel für Karren. Das Letzte, was ich mir gekauft hab, war eine Dose Hightech-Hochglanzwachs, importiert aus Amerika. Wenn ich mir vorstelle, was ich für einen Affentanz hinlegen würde, wenn sich meine Wilma Putzmittel aus Amerika kommen ließe …

In der Waschanlage entschied ich mich gegen die SB-Station und fuhr durch die Waschstraße. Ganz wichtig vorm Reinfahren, Gang rausnehmen, Motor aus, Hände vom Lenkrad und nicht bewegen. So mancher Rentner ist schon im Leerlauf in die Waschstraße rein und im fünften Gang mit offenen Scheiben wieder rausgekommen. Als mein Auto vom Laufband angezogen wurde, konnte ich einen kurzen Blick auf die Karre vor mir erhaschen. Da saß doch tatsächlich das Bocksprung-Rotzblag hinten auf dem Sitz, guckte mich an und streckte mir die Zunge raus. Ich hatte schon die Hand am Türgriff, als mir wieder einfiel: Nicht bewegen! Als ich aus der Waschanlage rausfuhr, war der Wagen mitsamt Blag nicht mehr zu sehen. Wieder war es mir entwischt.

Auf der Fahrt nach Hause war ich noch so mit dem Blag beschäftigt, dass ich unsere neuste Errungenschaft auf der Straße vergaß. Das Schlagloch in der Form von Afrika. Ein einzigartiges Naturschauspiel. Ich bollerte volle Kanüle durch das Schlagloch, mein Kopf knallte von innen gegen das Autodach und mein frisch gewechselter Winterreifen war dahin.

Zu Hause hab ich in Rekordtempo das Reserverad draufgefeuert und bin direkt durch zum Baumarkt.

»Otto, auch mal wieder hier. Willst du dein Vogelhäuschen erweitern oder was kann ich für dich tun?«

»Nee, lass ma, Franz, ich bin heute als Ein-Mann-Bürgerinitiative unterwegs. Mir gehen die Schlaglöcher bei uns auf der Straße so auf den Sack. Ich nehm das jetzt selbst in die Hand. Macht ja sonst keiner.«

»Da hast du recht. Ich frag mich, wann sie die ersten Schlaglöcher in Eigentumswohnungen umwandeln, so geräumig wie die teilweise sind.«

»Jau, oder in Tiefgaragen. Einfach Auto drin versenken, Holzplanke drüber und du hast einen sicheren Parkplatz. Wie du deine Karre aus dem Loch wieder rausbugsierst, ist eine andere Frage. Egal, bei euch kann man doch Betonmischmaschinen leihen, oder? So ein Teil bräucht ich für heut Nachmittag und noch einen ordentlichen Sack Zement.«

Ein paar Stunden später war die Messe gelesen. Ich hatte das Schlagloch in vollendeter Perfektion zubetoniert. Das gab ein großes Hallo auf der Straße, und ich hatte gleich mehrere Folgeaufträge an Land gezogen. Nicht umsonst haben wir Bergleute eigenhändig den halben Ruhrpott unterkellert. Da ist das für uns kein Problem, so ein paar Schlaglöcher zu stopfen. Denn selber anpacken können wir hier immer noch am besten. Durch die Schlaglochaktion war ich so in Eifer, dass ich das Bocksprung-Blag völlig vergessen hatte.

Aber ich hatte das ungute Gefühl, die Geschichte mit dem Blag und mir war noch nicht zu Ende. Ich sag aber trotzdem schon mal

GLÜCK AUF.

EUERN OTTO

BUERTO RICO

KINNERS,

das Reifenwechseln hatte meinen Nacken wieder ganz schön aus der Bahn geworfen. Aber mit Krankengymnastik brauchte mir keiner mehr kommen.

»Geh doch mal schwimmen, das soll sehr gut sein für den Rücken. Meine Bekannte Emma hat damit ihre Beschwerden wegbekommen.«

Wilmas Idee war gar nicht schlecht, mit Schwimmen konnte man nicht viel verkehrt machen. Meine Schwimmtasche stand seit Jahren frisch gepackt in der Wäschekammer. Das letzte Mal war sie an unserem 30. Hochzeitstag zum Einsatz gekommen, als ich Wilma einen Ausflug in einen Wellness-Tempel geschenkt hatte. Für Wellness hab ich nichts über. Entweder ich mache was oder ich mache nichts. Aber Geld dafür bezahlen, um nicht gestört zu werden, das Konzept kapier ich nicht. »Wilma, das war ne gute Idee, ich zieh los. Wenn ich heute Abend nicht zurück bin, schick die Rettungsdelfine los!«

Im Hallenbad Buer hab ich früher schon so manch akrobatische Stunde verbracht. Damals gab es für uns

Jugendliche ja sonst nichts zu tun. Nach der Schule ging es entweder zum Pöhlen auf die Straße oder ins Schwimmbad. Nicht umsonst nannten wir unser Hallenbad damals »Buerto Rico«. Wo sonst konntest du so viel nackte Haut ungestraft auf einmal sehen? Ich weiß noch, wie die Jungs damals immer ihre Badebuxen mit ordentlich Papier ausgestopft haben, genau wie die Mädels ihre Bikini-Oberteile. Am Ende von so einem Schwimmnachmittag konnte der Bademeister mit der Altpapiertonne am Beckenrand lang ziehen und das ganze feuchte Zeug wieder einsammeln. Dumm war nur, wenn die Zeitung nicht ordentlich in der Buxe verpackt war. So mancher lief nichtsahnend mit den Fußballergebnissen vom Wochenende aus der Hose hängend Richtung Schwimmbecken. Aber die Zeiten waren lange vorbei, und heute erkennst du unser Hallenbad Buer nicht mehr wieder. Schon allein die Umkleidekabinen machen richtig was her. Während ich meine Piselotten zusammensuchte, unterhielten sich zwei Frauen in den Kabinen neben mir.

»Renate, ich hab mir gerade heute Morgen ein frisches Hühneraugenpflaster drauf geklebt. Soll ich das dran lassen?«

»Sicher. Ich lass die auch immer drauf. Sind doch viel zu teuer, um sie gleich wieder abzureißen. Die Pflaster halten gut was aus. Aber wieso brauchst du denn Hühneraugenpflaster?«

»Ach, wir haben am Wochenende unsere Goldene Hochzeit gefeiert. Dafür hab ich mich richtig rausgeputzt. Mit Pömps und allem was dazugehört. Und als der DJ die ersten Discofox-Nummern aufgelegt hat, konnt mein Oller sich nicht mehr halten und hat mich kreuz und quer übers Parkett gewirbelt.«

»Da war ja richtig Trallafitti bei euch. Du kennst ja das Sprichwort ›Keine Power ohne Aua‹.«

»Aber Schwimmen ist genau das Richtige, das tut dem Körper gut, und danach fühlen wir uns zehn Jahre jünger.«

»Nur leider kommt das Aussehen dem Gefühl nicht nach, ne.«

Ich ließ die gackernden Hühner links liegen und machte mich auf Richtung Schwimmbecken. Mit einem Handtuch über der Schulter, meiner das Gemächt umschmeichelnden königsblauen Badebuxe um die Lenden und meiner Kulturtasche unterm Arm betrat ich meine alte Wirkungsstätte. Hier hatte ich in den Sechzigern einige Pirouetten gedreht und manch prachtvolle Arschbombe hingelegt. In meinen besten Tagen konnte ich länger unter Wasser bleiben als alle im Schwimmbad zusammen. Damals war das kein Problem, ich war der Einzige, der nicht geraucht hat. Alle anderen waren nach zehn Sekunden schon völlig aus der Puste. Sonst war immer noch alles genauso wie früher. Nur die Leute waren rund fünfzig Jahre älter als damals. Aber was die Typen anging, war immer noch alles dabei. Die schüchternen Damen am Beckenrand, die dralligen Zeigefreudigen, die Sportler, die Paare und dann gab es mich, den König des Reviers, ausgestattet mit allen natürlichen Autoritäten, die das Leben zu bieten hat.

»Na, Otto, hast wohl ein paar Pfunde zugelegt die letzten Jahre, was?«

»Dietmar, alten Wemser! Von wegen Pfunde. Das ist reine Muskelmasse, ich muss die nur noch in Form bringen. Aber was hast du denn da für einen schwarzen Balken auf der Schulter?«

»Ach, das ist ne lange Geschichte. Da stand früher Irmgard, der Name meiner Exfrau. Da stand sogar Irmgard Forever. Du weißt ja, forever ist vor einem Jahr zu Ende gewesen. Da ist sie mit einem Kölner durchgebrannt, den sie auf der Kegeltour kennengelernt hatte. Das musst du dir mal geben, mit einem Kölner? Da komm ich bis heut nicht drüber weg. Die alten Zwiebelbärte hauen sich da ihre Reagenzgläser Spülwasser in die Rüben und meinen, ihre Stadt wär das Rio am Rhein. Und auf so einen fällt meine Irmgard rein. Die wird sich noch wundern.«

»Tut mir leid, ich wollt in keine offene Wunde packen.«

»Schon in Ordnung. Aber um Köln mach ich für den Rest meines Lebens einen großen Bogen.«

»Komm, so darfst du das aber auch nicht sehen. Ich kenn ein paar ganz tofte Kölner. Nur weil deine Olle jetzt lieber aufm Rhein schippert als auf unserm abge-zwackten Rhein-Herne-Kanal kannst du nicht gleich die ganze Stadt in die Tonne kloppen.«

»Is ja auch egal. Ich konnt aber auf keinen Fall mehr mit Irmgard Forever auf meinem Rücken rum-stolzieren. Also bin ich zum Tättoostudio und hab ge-fragt, wie man das wegbekommt.«

»Und da haben die dir stumpf einen schwarzen Bal-ken drüber gepinselt?«

»Ich weiß auch nicht, irgendwas ist da aus dem Ruder gelaufen. Der Tättoomeister meinte, er würde da erst ma einen schwarzen Balken drüber setzen und daraus könnt er später ein Schalke-Logo machen. Das wär aber so groß wie mein ganzer Rücken. Im Laden fand ich das ne super Idee. Ich war eh stinkig hoch zehn und dachte mir, ewige Liebe gibt es nur zwi-schen Männern und Fußballvereinen. Also hab ich ihm grünes Licht gegeben. Na ja, und bis jetzt fehlte mir der Mumm, aus meinem Rücken ein Schalke-Logo zu machen. Das kann sich ja auch alles entzün-den und so.«

»Wundert mich eh, dass du mit deinem Gesund-heitsfimmel ein Tättoo hast machen lassen.«

»Das käm mir heut auch nicht mehr in den Sinn. Damals war das ein Teil von meinem Heiratsantrag. Von wegen ewige Liebe und so.«

»Kerr, was eine Bedrullje mit deiner Ollen. Aber ma ganz im Vertrauen, so ein Balken sieht nach nichts aus.

Kann der Tättoomeister das nicht abrunden und ne Bratwurst raus machen?«

»Da bin ich ja noch gar nicht drauf gekommen! Ne Bratwurst! Spitzenmäßig, das mach ich. Das bringt auch ne glasklare Botschaft rüber.«

»Dass du gerne futterst?«

»Nee, quatsch, dass ich zum Anbeißen bin, was denn sonst? Guck mich an, kein Gramm Fett am Leib.«

»Lass dir das vorher aber noch ma durch den Kopp gehen. Nicht, dass dir die halb Blinden hier im Schwimmbad nachher mit einer Pulle Ketchup hinterher rennen.«

»Scuzzi die Herren, ihr steht im Weg. Wenn ihr wollt diskutiere, stellt euch in eine Kneipe. Pronto, pronto!«

Hinter mir erschien der Typ, der in der heutigen Schwimmrunde noch fehlte. Häuptling Silberlocke. Bei uns in Buer war das Manolo Traviatella. Er war in den Sechzigern als Gastarbeiter aus Italien nach Gelsenkirchen gekommen und versprüht bis heute seinen italienischen Charme ungefragt in alle Richtungen. Seine Haare sind mit den Jahren stilvoll ergraut, und mit seinem italienischen Akzent macht er die Damen bis heute verrückt. Er trug eine knallrote, eng anliegende Badehose, war braun gebrannt und stiefelte mit einem großen Handtuch in den Farben der italienischen Nationalflagge über der Schulter Richtung Beckenrand.

»Mano, alles fit im Schacht!?«

»Entschuldigung, äh, meine Herren, ich musse halten mich fit. Meine Belladonnas warten auf mich.«

Den letzten Satz rief Manolo extra laut Richtung Schwimmbecken und ließ damit die Wassertemperatur auf einen Schlag um gefühlte zehn Grad ansteigen.

»Tu, was du nicht lassen kannst, aber denk dran. Du hast schon fünf Kinder gezeugt in deinem Leben. Wenn du in dem Tempo weitermachst, wird es irgendwann eng mit der Rente.«

Daraufhin nahm mich Mano scherzhaft in den Schwitzkasten und schmiss mich ins Becken. Ich hatte keine Chance, mir vorher meine Schwimmbrille aufzusetzen und ohne die bin ich blinder als ein blinder Dackel in der Nacht. Sobald Chlorwasser an meine Augen kommt, geht da gar nichts mehr. Ich versuchte mich zu beruhigen: Du bist immer noch im Hallenbad Buer. Das Schwimmbecken hat an jeder Seite einen Rand, du musst dich nur für eine Richtung entscheiden und draufzuschwimmen.

Fünf Minuten später hatte ich immer noch keinen Rand erreicht. Wie konnte das sein? Ich wurde nervös und geriet langsam in Panik.

»Dietmar, wo bist du! Ich seh nichts mehr!«

Aus der Ferne hörte ich eine Stimme: »Otto, ich bin hier! Was machst du denn da? Warum schwimmst du wie ein besoffenes Walross immer im Kreis?«

»Dietmar, du musst mein Leuchtturm sein, nur mit Wörters!«

»Du bist doch bekloppt. Mir wird kalt, ich geh duschen. Ich will mir hier keinen Pipps einfangen. Bis die Tage.«

Auf mich allein gestellt, musste ich irgendwie den Beckenrand finden. Endlich bekam ich was Festes zu fassen.

»Das ist doch! Unverschämtheit! Was erlauben … Otto, bist du das?«

»Wer ist da? Ich seh nichts mehr.«

»Ich bin's, Rita.«

»Du bist meine Rettung. Ich wurde ohne Schwimmbrille ins Wasser geschmissen und bin blind.«

»Du bist ja ein Stratege, gib mir mal dein Patschehändchen und dann strampel mir einfach hinterher.«

Als ich den Beckenrand erreichte, zog ich mich mit letzter Kraft an Land, wischte mir die Augen trocken und sah endlich wieder klar. Jupps Frau hatte mir das Leben gerettet.

»Rita, mein Engel, vielen Dank. Wie kann ich das nur je wiedergutmachen.«

»Och, da wüsst ich schon was. Wie wär's, wenn du dich endlich wieder mit Jupp verträgst.«

»Das ist gar nicht so einfach, der ist total sauer auf mich. Wie soll ich das bloß wieder geradebiegen?«

»Ja, Jupp kann ganz schön stur sein. Aber ihm geht es wirklich schäbig, und im Moment kann er jeden guten Freund gebrauchen. Die Kosten für den Anwalt sind nicht ohne, und bald droht die Mieterhöhung. Das schlägt nicht nur auf die Stimmung, sondern auch aufs Konto. Wenn du die Anwaltskosten abziehst, wird es langsam ungemütlich. Und was Jupp total fertigmacht, er hat im Moment nicht genug Kohle übrig, um seinem Enkel Emil ein anständiges Geburtstagsgeschenk zu kaufen.«

»Das ist die Lösung. Lass mich das in die Hand nehmen mit dem Geburtstagsgeschenk. Nach dem Chaos, das ich im Kiosk angerichtet hab, bin ich ihm noch was schuldig. Worauf steht denn euer Enkel?«

»Auf Fußball natürlich. Schalke ist sein Ein und Alles.«

»Wie alt ist denn der Junge? Mein Enkel ist ja schon über dreißig. Du weißt ja, wie das ist mit uns Redenkämpers. Wir sind gerade aus den Windeln raus, schon werden wir Vater.«

»Nee, so schnell ging das bei uns alles nicht. Unser Sohn ist erst sehr spät Vater geworden. Emil geht gerade erst ein paar Jahre zur Schule, also noch ein richtig kleiner Döppke. Der wird nächste Woche zehn Jahre alt.«

»Okay, dann weiß ich Bescheid. Ich überleg ma, was ich machen kann. Sag Jupp aber bitte nicht, dass wir uns getroffen haben. Das soll eine große Versöhnungsüberraschung werden.«

Nach dem Gespräch mit Rita hatte ich wieder genug Kräfte gesammelt, um einen neuen Sprung ins Becken zu wagen. Einen Abgang wie ein blinder Dackel auf der Flucht konnte ich nicht auf mir sitzen lassen. Ich setzte meine Schwimmbrille auf und stürzte mich in die Fluten. Wie ein Aal auf Freiersfüßen zog ich eine Bahn nach der anderen. Kraul, Rücken, Brust, alles nur vom Allerfeinsten. Als ich von Rücken auf Brust wechselte, schnappte ich etwas Wasser und spürte, wie etwas plötzlich meinen Hals verstopfte. Ich bekam kaum noch Luft. Zum Glück war ich gerade im Nichtschwimmerteil des Beckens unterwegs. Ich stellte mich hin und versuchte, das verschluckte Teil auszuhusten.

»Der stehende Herr im Nichtschwimmerbecken. Unterlassen Sie bitte sofort das Absondern von Körperflüssigkeiten ins offene Wasser!«

Der Bademeister des Hauses kam mit den Armen wedelnd auf mich zugerast. »Kommen Sie sofort aus dem Wasser!«

Ich schaute hektisch zur Seite, und durch diese Drehung löste sich das verschluckte Teil schlagartig. Ich hustete ein letztes Mal, und das Ding schoss aus meinem Mund in hohem Bogen direkt vor die Füße des Bademeisters. »Ich hab ja schon viel erlebt, aber dass Leute beim Schwimmen auf einem Hühneraugenpflaster rumkauen, ist mir noch nie untergekommen. Warum nehmen Sie denn kein Kaugummi?«

Hätte ich mich von innen duschen können, an diesem Tag hätte ich es getan. Ich muss wohl das Hühneraugenpflaster von der Tänzerin aus der Umkleide aufgefischt haben. So viel Schnaps, um mich zu desinfizieren, konnte ich gar nicht auf einmal trinken. Damit hatte ich endgültig die Faxen dicke und verzog mich in die Dusche.

Mit der Duscherei im Schwimmbad ist das so eine Sache. Bei gepflegten, älteren Herren ab sechzig gibt es grob gesagt nur zwei Möglichkeiten, sich dem kühlen Nass zu stellen. Entweder kurz drunter und raus oder blank ziehen und komplett einseifen. Ich gehöre zu einer ganz besonderen Spezies. Ehemalige Bergleute. Bei uns wurde nicht geduscht, da wurde gebuckelt. Wenn du aus der Grube kamst, bist du erst mal in die Schwarzkaue und hast die Arbeitsklamotten unter die Decke gejagt. Dann ging es splitterfasernackt in die Duschen. Und weil du als Bergmann von oben bis unten eingesaut bist, kannst du dir schlecht alleine den Rücken waschen. Also wurde dem nebenstehenden Kumpel das Stück Seife in die Hand gedrückt, ein Buckel gemacht, und der hat deinen Rücken hart aber herzlich gewienert. Und wenn du jetzt in einem normalen Schwimmbad duschst, kommt es ab und an vor, dass du als Bergmann auf einen Nicht-Bergmann triffst. Haust du dem ein Stück Seife mit den Worten »Mach ma Rücken!« in die Hand, guckt der wie im falschen Film. Wenn du dich dann noch umdrehst und ihm deine nackte Rückseite präsentierst, kann das zu Problematiken führen. Ich weiß noch, als ich mit meiner Wilma im Urlaub an der Nordsee war und da in einem Freizeitbad einem Familienvater das Stück Seife hingehalten hab, hat der fluchtartig die Dusche verlassen. Aber bei uns in Gelsenkirchen ist mir das noch nie passiert. Da weiß jeder, was Phase ist, und so konnte ich an dem Tag das Schwimmbad mit blitzblank poliertem Rücken verlassen.

Am nächsten Morgen saß ich mit Wilma am Frühstückstisch und machte mir Gedanken über Jupps Enkel.

»Ich muss was tun. Jupp ist so arm dran im Moment, der kriegt nicht ma die Kohle zusammen, um seinem Enkel was zu schenken.«

»Das tut mir in der Seele weh mit Jupp, und jetzt habt ihr beide euch auch noch so gestritten. Sieh zu, dass du das wieder auf die Reihe bekommst, ihr müsst zusammenhalten.«

»Ich fahr gleich zum Schalke-Gelände und guck nach einem Geschenk im Fanshop. Aber kannst du mir vorher noch ein paar extra Pfeffer-Spiegeleier machen? Ich brauch Cholesterine für meine gute Tat.«

Frisch gestärkt bin ich zur Schalke-Arena hoch und ab in den Fanshop. Ich schnappte mir ein Kindertrikot und ließ »Emil 10« hinten draufkloppen. Der Preis für das Teil war mehr als stolz. Das musste Jupp einfach besänftigen. Als ich zurück nach Hause tapern wollte, legte die Schalker Mannschaft gerade auf dem Trainingsplatz los. Das war die Gelegenheit, das Trikot noch mit ein paar Unterschriften zu veredeln. Wie ein Hochseeangler habe ich mir einen Spieler nach dem anderen zur Seite gefischt und das Trikot unterschreiben lassen. Das lief besser als geplant, bei Trainingsschluss hatte ich ordentlich Unterschriften gesammelt. Wenn Jupp das nicht aus den Socken haute, dann war unsere Freundschaft nicht mehr zu retten. Doch wie sollte ich Jupp mein Friedenstrikot präsentieren? Ich lief nach Hause, schnappte mir einen Besenstiel aus der Abstellkammer, knotete das Trikot vorne dran und bin weiter zum Kiosk. Ich öffnete die Kiosktür einen Spalt, hielt das Trikot rein und wedelte damit herum.

»Jupp, ich bin's, Otto. Frieden?«

»Nichts da, geh mir weg!«

»Aber guck ma, ich hab das königsblaue Friedenstrikot gehisst. Das ist für Emil, als Geburtstagsgeschenk.«

Auf einmal riss Jupp die Kiosktür auf und stand mit Tränkes in den Augen vor mir.

»Du hast ein Geschenk für Emil besorgt? Ich glaub das gar nicht. Das glaub ich gar nicht. Erst ma Danke, also ich mein, vielen Dank für das Trikot. Emil wird ausflippen, ausflippen wird der. Da sind ja sogar Unterschriften drauf. Wieso sind denn da Unterschriften drauf? Das ist ja der Wahnsinn. Der Wahnsinn ist das. Aber die hast du nicht selbst drauf gepinnt, oder?«

»Jetzt fang nicht schon wieder an. Das sind alles Originalunterschriften. Ich schwöre. Wenn ich jetzt lüge, möge ich an meinem nächsten Mettbrötchen ersticken.«

Jupp erzählte mir, in was für einem Schlamassel er steckte. Die Mieterhöhung für den Kiosk und seine Wohnung rückte immer näher, und sein Anwalt arbeitete auch nicht für umsonst. Durch die Gerüchte um den Kiosk blieben viele Kunden weg. Die meinten wohl, der Kiosk wär schon längst dicht und sind einfach woanders hin.

»Ich kann mir das gar nicht vorstellen, dass diese Immobilienleute so kalte Hunde sind. Dein Kiosk ist doch quasi Weltkulturerbe. Die können doch so ein altes Ehepaar wie Rita und dich nicht einfach auf die Straße setzen? Ich schnapp mir nächste Tage Erwin und fahre mit ihm bei dem Immobilienladen vorbei. Tacheles reden. Wo ist denn die Zentrale von dem Laden?«

»In Dortmund.«

NA, GLÜCK AUF, DA WIRD MIR EINIGES KLAR!

EUERN OTTO

REGENBOGEN-OTTO

KINNERS,

Morgenstund hat Radio im Ohr: »Und hier die Stau-
meldungen. Heute Morgen ist ordentlich was los da
draußen. Alle Staus ab fünf Kilometer …«

Mehr Heimatgefühl als einmal alle Staunachrichten
von der A1 bis zur A52 durchhören, kannst du im
Ruhrpott kaum kriegen. Eigentlich bräuchte ich als
Rentner gar keinen Wecker. Aber so weit kommt das
noch, dass ich jeden Tag zu einer anderen Uhrzeit auf-
stehe. Egal, was in der Nacht davor passiert ist, in Sachen Aufstehen ist eiserne Disziplin angesagt. Jeden
Tag mach ich um Punkt 9 Uhr 6 die Augen auf. Die Zeit
war im Wecker voreingestellt, und ich hab bis heute
keinen Plan, welche sieben Knöppe ich da gleichzeitig drücken muss, um das zu ändern. Von meiner Zeit
unter Tage bin ich gewöhnt, dass jeder Morgen nach
einem festen Ritual abläuft. Ich habe ein bisschen ge-
tüftelt und mit den Jahren das perfekte Rentner-Mor-
gen-Ritual ausbaldowert. Klingelt der Wecker, schäle
ich mich geschmeidig wie eine Gazelle aus dem Bett
und taper ins Bad. Da werden die drei Utensilien Zahn-
bürste, Waschlappen und Rasierer im vollen Funktions-

umfang zum Einsatz gebracht. Dann heißt es, raus aus dem Schlafanzug, rein in Joggingbuxe und Unterhemd und ab an den Küchentisch. Den deckt meine Wilma jeden Tag für mich. Ohne Pfeffer-Spiegeleier und ein paar deftig belegte Brötchen kommt mein Motor nicht in die Gänge. Die Kanne Kaffee darf auch nicht fehlen, sonst kommt meine Pumpe nicht heil durch den Tag.

»Was ist denn los mit dir? So strahlst du sonst nur nach einem Schalker Sieg.«

»Ich bin so glücklich, dass ich mich wieder mit Jupp vertragen hab. Heute ist der erste Tag nach unserm Streit, an dem ich endlich wieder meinen normalen Gang gehen kann. Badezimmer, Frühstückstisch, Fenster, Kiosk. Ich bin aufgeregt wie ein I-Dötzchen vorm ersten Schultag.«

»Das freut mich für euch beide. Dem Jupp hat euer Streit bestimmt auch schwer im Magen gelegen. Und der hat ja noch ganz andere Sorgen. Seid ihr mit seinem Mietproblem vorangekommen?«

»Ja, wie denn? Wir hatten doch Funkstille. Wenn ich gleich zum Kiosk zieh, überlegen wir, was wir machen können.«

Als ich mich nach dem Frühstück mit meinem Kaffeepott in der Hand ins Fenster hängte, merkte ich, wie Minusgrade mein Brusthaar umschmeichelten. Es war also bald Zeit für den winterlichen Standortwechsel. Dazu verlasse ich mein Fenster und mache Winterdienst auf der Straße. Salz streuen, Schnee schüppen, Winterbeleuchtung anbringen und der ganze Krams. Irgendwas findet sich immer. Hauptsache, ich habe weiterhin alles fest im Blick. Ich hing also guter Dinge im Fenster, als ich in der Ferne ein Blag entdeckte. Je näher der Junge kam, desto sicherer war ich mir. Das war das Bocksprung-Blag: »Bürschchen, was sollte das letzte Tage? Geht man so mit einem gepflegten älteren Herrn um?!«

Und was hat das Blag gemacht? Mich angeguckt, die Zunge rausgestreckt und mir den Vogel gezeigt. Das Bürschchen konnte froh sein, dass ich an dem Tag so guter Laune war und nicht die Verfolgung aufnahm. Aber das wäre eh sinnlos gewesen. In der Zeit, die ich vom Fenster weg durch den Hausflur bis zur Straße bräuchte, wäre das Blag schon über alle Berge. Ich konzentrierte mich lieber voll und ganz auf meinen ersten amtlichen Kioskbesuch nach meiner Versöhnung mit Jupp. Ich schnappte mir meinen Beutel Pfandflaschen, zog meine Joppe über und verließ das Haus.

Beschwingt riss ich die Kiosktür auf und wurde von einer vertrauten Mischung aus lautem Gequassel, Bierdunst und dem Geruch frisch bedruckter Zeitungen empfangen.

»Otto, du hier? Was treibt dich in diese ärmliche Gegend? Wir dachten schon, du wärst dir zu fein geworden für uns«, begrüßte mich China-Acki.

»Genau, Acki, aber meine Loge auf Schalke wird gerade renoviert.«

Und dann kam Jupp aus seinem Lagerkabuff in den Kiosk, unsere Blicke trafen sich, und ich möchte fast sagen, Funken sprühten durch die Luft und Engelschöre erklangen.

»Jupp, komm mal wacker bei mich bei. Ich hab den Kiosk so vermisst.«

Wir beide fielen uns in die Arme. »Menschenskinder, mir wird auf einen Schlag richtig warm. Sagt Bescheid, wenn ihr die Knutscherei anfangt. Blind werden wollt ich heut nicht.«

»Männers, ich geb einen aus. Einen aus geb ich. Nehmt euch jeder ne Pulle aus dem Regal. Aber keine teuren Sachen, nichts Teures.«

Und als ich das Versöhnungspils ansetzte, der erste Schluck meine Kehle hinunterlief und mir der Duft von Ackis saurem Rülpser in die Nase stieg, da wusste ich, ich war wieder zu Hause.

»Kinners, ihr glaubt gar nicht, wie schön das ist, wieder bei euch zu sein. Ihr wisst, ich bin ein Romantiker aus Leidenschaft und ganz ehrlich, ich hab den Kiosk wirklich vermisst. Das waren schwere Wochen für mich. Das kann ich euch sagen.«

»Wird das jetzt wieder so eine Regenbogen-Geschichte? Du weißt doch noch, wie das beim letzten Mal geendet ist.«

»Au weia, Acki, da sagst du was.«

»Wieso Regenbogen-Geschichte, das höre ich ja heute zum ersten Mal, was war denn da los?«, kam eine Stimme aus der Ecke.

»Elsbeth Schätzken, du auch hier? Hab dich gar nicht gesehen. Was sitzt du denn da hinten in der Ecke?«

»Ich hab Kopppinne. Hier hinten ist schön dunkel. Hab gestern mit meinen Mädels Eierlikör-Bingo gespielt. Nur irgendwie haben wir mit der Zeit den Bingoteil vergessen. Aber was sollte das vorhin mit dem Regenbogen?«

Elsbeth ist übrigens die Schwester von Acki.

»Nee du, ich hab kein Bock, die alte Geschichte aufzuwärmen.«

»Bitte, Otto, bitte. Du erzählst das immer so gut. Und aufwärmen ist genau das richtige Stichwort, das richtige Stichwort ist das«, sagte Jupp, während Acki eifrig dazu nickte.

»Gut, nur für dich Elsbeth erzähl ich jetzt die Geschichte, wie ich eines Tages zum Regenbogen-Otto wurde. Es war einmal vor langer Zeit, in einem Land, in dem sich Fuchsschwanz und Mettigel gute Nacht sagen, als ich vom Arzt Antibiotika verschrieben bekam. Ich hatte mir einen derben Männerschnupfen eingefangen, der einfach nicht weggehen wollte. Und da sagte der Onkel Doktor zu mir, dass Alkohol und Antibiotika nicht per Du sind. Einen Tag später bin ich zum Kiosk, und da ich alkoholfreies Bier nicht saufen kann, nahm ich ein Malzbier. Und da ging das Gejaule los: ›Guckt ma, unser Otto will Malzbier. Das süppelt man am besten lauwarm‹. ›Achtung! Achtung! Warmer Bruder im Anflug. Macht eure Landeklappen dicht.‹ Und so ging das in einer Tour weiter. Die Jungs im Kiosk hatten sich irgendwann soweit reingesteigert, dass sie Malzbier für das Nationalgetränk aller Schwulen hielten und wegen mir ihre Hintern so gut es ging an die Wand drückten. Und da wurde es mir zu bunt. ›Kinners, ihr habt ja wohl die Hufe heiß! Hört ihr eigentlich, was für einen Müll ihr labert? Jetzt nur mal angenommen, das wären keine blöden Witze von euch, sondern ich wär wirklich über Nacht schwul geworden. Glaubt ihr, ich würd auch nur einen von euch anpacken wollen? Guckt ma in den Spiegel! Seit wann steht irgendwer auf bierbäuchige Typen, denen die Joggingbuxen in den Kimmen hängen und die sich das letzte Mal vor vier Tagen gewaschen haben? Und eins will ich euch klipp und klar sagen. Ich war, bin und bleibe Freund aller Fakultäten! Deshalb such ich mir jetzt einen Platz mit mehr Verständnis, an dem ich in Ruhe mein Malzbier trinken kann!‹ Mit diesen Worten hab ich den Kiosk verlassen und bin wütend nach Hause gestapft. Dort wurde mir schnell klar, so konnte ich das nicht stehen lassen. Ich musste ein Zeichen setzen. Ich wollte auf keinen Fall mit diesen Sprücheklopfern in einen Topf geworfen werden. Also bin ich ins Internet und hab mir eine Joggingbuxe in den allerfeinsten Regenbogenfarben bestellt. Ein scharfes Teil vor dem Herrn, das sag ich euch. Mit dem Ding bin ich ein paar Tage später in den Kiosk stolziert. ›Kinners, schaut auf diese Buxe!‹ ›Machst du ne Ausbildung zum Musical-Darsteller oder was?‹ ›Nein, diese Buxe ist mein ganz persönliches Zeichen. Für Homo-Ehen und dass alle Fakultäten kreuz und quer glücklich miteinander werden wie sie wollen. Und darauf spendiere ich jetzt eine Runde Malzbier. Und wenn ihr mit mir seid, dann trinkt ihr das wacker auf und denkt dabei über eure blöden Sprüche von letzter Woche nach.‹ Während die Jungs an ihren Malzbieren nuckelten, murmelten sie Sätze wie ›Komm, is gut. Ich hab doch auch nichts gegen Schwule. Solang ich mich nicht mit einem in die Kiste legen muss‹ oder ›Mein Schwager ist schwul, das ist ein Spitzen-Typ. Der hat handwerklich mehr drauf, als wir alle in der Familie zusammen‹. Dann machte Erwin den Kompromissvorschlag ›Pass auf, Otto. Frieden liegt in der Luft. Wir sind ab heute alle Freunde aller Fakultäten. Und du nimmst deine Sprüche zurück. Stichwort ungeduschte Bierbäuche. Deal?‹ ›Okay, da bin ich dabei. Aber eins sag ich noch. Bei der nächsten rosaroten Demo hier in Gelsenkirchen seid ihr als meine Begleiter mit dabei. Denn die 20 Tacken für die Regenbogen-Joggingbuxe will ich nicht einfach so in den Wind schießen.‹ Ja, Elsbeth, das war die Geschichte vom Regenbogen-Otto. Und wenn sie nicht in der Wäschetrommel zerschlissen wurde, liegt die Regenbogen-Joggingbuxe noch heute in meinem Kleiderschrank.«

»Das war aber ne Geschichte. Du kannst gerne mit deiner Regenbogenbuxe bei unserm nächsten Bingoabend vortanzen. Passt optimal zum Eierlikör.«

»Kerr, das hat richtig gutgetan. Gutgetan hat das. Mal wieder eine Geschichte aus den alten Zeiten zu hören. Was wir damals für Probleme hatten. Das waren gar keine Probleme, ne. Heute, ja heute, da hab ich Probleme, richtige Probleme.«

»Au weia, wie sieht es denn aus mit deiner Vermietersache?«

»Genauso düster wie letztes Mal, also ich meine richtig düster. Mein Anwalt sagt, er kann da nicht viel reißen. Der sagt, er kann vielleicht eine kleine Abfindung rausholen. Aber ich will doch gar nicht ausziehen. Otto, ich will nicht ausziehen. Ich hab also die Wahl, ne ganz schlechte Wahl. Mehr Kohle verdienen, viel mehr Kohle und die erhöhten Mieten zahlen. Oder ich spekulier auf ne Abfindung und find was Neues, aber was Neues musst du erst ma finden. Also erst ma suchen und dann finden, ne.«

»Pass auf, ich verabrede mich mit Erwin. Dann fahren wir zu dem Laden und hauen auf den Putz.«

GLÜCK AUF!

EUERN OTTO

BIOTONNENMASSAKER

KINNERS,

als ich an dem Abend zu Hause auf dem Sofa saß und überlegte, wie ich Jupps Vermieter überzeugen könnte, sah ich, dass alle Nachbarn ihre Bio-Mülltonnen rausgestellt hatten.

»Ach du Kacke, ich hab die Mülleimer vergessen. Das ist mir ja noch nie passiert. Wie sieht das denn aus? Alle Malocher auf der Straße haben die Tonnen schon draußen stehen, nur der feine Herr Rentner, der den lieben langen Tag Zeit dafür hat, noch nicht?«

Ich also rein in die Badeschlappen und ab nach draußen. Ich hatte in der Hektik völlig vergessen, dass der Winter in Gelsenkirchen angekommen war. Mit akutem Kimmenfrost erreichte ich die Mülltonnen. Als ich die Biotonne nach vorne ziehen wollte, passierte nichts. Ich ruckelte und zog, aber das Ding bewegte sich keinen Millimeter. Ich guckte mir die Sache genauer an und sah, dass die Tonne in einer seltsamen Flüssigkeit stand, die sich in einen Eisblock verwandelt hatte. Bei Biotonnen krieg ich sowieso immer zu viel. Früher hat man alles bis auf den letzten Bissen aufgegessen. Und falls nach vier Tagen Gulasch futtern immer noch was da war, wurde das eben in die Toilette gekippt und fertig war die Laube. Und heute hast du so eine Biowaffe neben dem Haus stehen. Vor allem im Hochsommer stehen Biotonnen immer kurz vorm Explodieren. Ich möchte nicht wissen, wann die ersten Tonnen hochgehen und nur ein großer Krater übrig bleibt. Aber egal, meine Wilma musste wohl irgendeine Gemüsesuppe in die Biotonne gekippt haben, oder besser gesagt daneben und jetzt war die Tonne am Boden festgefroren. Ich zog mit allem was ich hatte an der Tonne, verlor mit meinen Badeschlappen den Halt und schneller, als ich gucken konnte, lag ich flach. So leicht war ich nicht aus der Ruhe zu bringen. Ich hielt mein linkes Bein an die Tonne, stützte mich mit dem rechten ab und zog ein zweites Mal. Die Aktion endete in einem Spagat und einem Riss in meiner Joggingbuxe. Vom Ziehen in bestimmten Körperregionen, das mich seit dem Tag für Wochen verfolgte, fang ich gar nicht erst an. Das war der Moment, in dem meine Halsschlagader zu pumpen anfing. Bis auf die Knochen durchgefroren, mit zerrissener Joggingbuxe und nassem Hintern stand ich bei Minusgraden wie ein verirrter Yeti in der Hofeinfahrt und schrie: »Nicht mit mir! Wollen wir doch mal sehen, wer hier stärker ist. Mensch oder Tonne!«

Ich stapfte zur Garage, setzte mich in meine Karre, knallte die Heizung auf volle Pulle und nahm die Biotonne ins Visier. Ich bollerte leicht mit dem Stoßdämpfer dagegen, aber so schnell gab sich das festgefrorene Ding nicht geschlagen. Ich bollerte ein zweites Mal mit etwas mehr Schwung dagegen und hörte ein Knacken. Die Tonne fiel und gab mir dabei den Rest. Der Biobomber öffnete voller Bosheit seine Klappe und spuckte den gesamten Müll in unsere Anlagen. Unfassbar. Die Biotonne hatte mir in ihrem Todeskampf einen dicken Müllhaufen überlassen. Ein Kamikaze-Flieger war gar nichts gegen dieses listige Ding. Doch da hatte ich schon längst den Meisterplan entwickelt. Auf keinen Fall wollte ich mir am nächsten Tag Wilmas Gemecker anhören. Von wegen, ich hätte die Mülltonne kaputt gefahren und unseren Vorgarten eingesaut. Ich fuhr meine Karre zurück in die Garage und holte die Schneeschüppe. Damit verteilte ich den Biomüll fröhlich in alle Richtungen. Einen Teil beim Nachbarn links über die Hecke, einen Teil rechts, einen Teil nach vorne und einen Teil nach hinten. So lange, bis unsere Einfahrt lupenrein sauber war.

Am nächsten Morgen zeigte sich die Genialität meines Plans. »Du, guck mal, was die mit unserer Mülltonne gemacht haben.«

Mit dieser Ansage schmiss mich Wilma aus dem Bett. »Lass ma gucken. Das gibt's doch nicht. Die Tonne hat ja einen Riss vorne drin und liegt quer in der Hecke. Wie konnte das denn passieren?«

»Ja und das Schlimmste hast du noch gar nicht gesehen. Unser gesamter Biomüll liegt in den Gärten der Nachbarn. Da müssen über Nacht irgendwelche Rowdys Fußball mit unserer Tonne gespielt haben. Anders kann ich mir da keinen Reim drauf machen. Oder hast du eine Erklärung dafür?«

»Genauso muss es gewesen sein. Ich hab letzte Nacht auch so ein Geboller gehört. Unglaublich, diese Jugend. Würd mich nicht wundern, wenn das Bocksprung-Blag da mit drin hängt. Früher gab es so was nicht! Weißt du was, ich zieh mich kurz an und mach den Schlamassel sauber. Die Nachbarn können ja nicht unsern Müll aufsammeln.«

»Du bist so ein edler Mann. Dafür koche ich dir heute Mittag Kassler mit dicke Bohnen und Sauerkraut.«

Als ich mit Besen und Schüppe bewaffnet den Biomüll aufsammelte, bekam ich ein schlechtes Gewissen. Wilma hielt mich für einen Held, und mein feiner Herr Nachbar, der gerade mit seinem Dalmatiner um die Ecke bog, setzte noch einen drauf.

»Guten Morgen, Herr Redenkämper, was machen Sie in meinem Vorgarten? Da lag doch vorhin noch jede Menge Dreck.«

»Ach, Herr Schröter, da haben irgendwelche Rowdys unsere Biotonne umgetreten. Ich hab das schnell aufgesammelt. War ja schließlich unser Müll.«

»Das hätte ich Ihnen gar nicht zugetraut. Nach unserem letzten Aufeinandertreffen hätte ich fest damit gerechnet, dass Sie mich den Dreck alleine wegmachen lassen.«

»Die letzten Male hab ich wohl etwas überreagiert. Da war mein Puls aber schon am Anschlag, bevor Sie mir über den Weg gelaufen sind. Erst die Sache mit der Einbruchsserie und ein paar Tage später schnüffelt ihr Hund an meinem Hintern rum. Wenn Sie mir dann noch so schnöselig ums Eck kommen, sehe ich alter Ballerkopp einfach Rot.«

»Schwamm drüber. Ich hab ehrlich gesagt keine Lust, mit meinem Nachbarn im Dauerclinch zu liegen. Heute ist ein guter Tag, das zu ändern. Wissen Sie was, Herr Redenkämper, wollen Sie nicht auf einen Kaffee mit reinkommen? Ich hab noch etwas Zeit, bevor ich los muss.«

Ehe ich mich versah, saß ich bei meinem Nachbarn am Küchentisch und gönnte mir ein Brötchen mit Bio-Marmelade aus Südtirol.

»Wo malochen Sie eigentlich?«

»Ich bin selbstständiger Architekt. Ich komm ja ursprünglich aus Kiel, und als ich damals erzählt habe, dass ich ins Ruhrgebiet ziehe, musste ich mir einige Sprüche anhören. Nach dem Motto: ›Was entwirfst du denn da, Pommesbuden?‹«

»Au weia, ein Fischkopp. Immer schön schwarzen Tee zwischen die Kiemen und aufs Wasser gucken, wa. – Das war jetzt aber nicht bös gemeint.«

»Ich hab schon verstanden. Möchten Sie noch ein

paar Krabben auf Ihr Brötchen? Wir essen ja zu allem Krabben.«

»Hauen Sie mir ab mit dem Würmerzeug! Und das packen Sie sich auf die Marmelade drauf? Ich mein, Rosinenbrot mit Leberwurst, das ist eine Delikatesse. Aber Marmelade mit Krabben?«

»Ja klar und dann tunken wir das schön in schwarzen Tee ein.«

»Sie wollen mich doch hinter die Nordmanntanne führen. Ganz im Ernst, wenn Sie einmal ans Labern kommen, können Sie ja richtig sympathisch sein. Ich bin übrigens Otto.«

»Ich bin Flemming und freue mich, dass wir beide uns auch normal unterhalten können.«

»Da fällt mir gerade ein, Sie als Architekt kennen sich doch bestimmt gut aus, wenn es um Mietkrams geht, oder? Mein Kumpel Jupp hat Probleme mit seinem Laden. Sie kennen doch Jupps Kiosk ein paar Straßen weiter?«

Und da habe ich Flemming die ganze Geschichte von Jupp erzählt und in meinem Eifer seinen Brotkorb komplett leer gefuttert.

»Sag mal, Otto, wo warst du denn? In der einen Sekunde sehe ich dich noch den Müll auffegen und in der nächsten bist du verschwunden. Haben dich die Marsmännekes entführt?«

»Du wirst mir nie glauben, wo ich gerade war. Ich

war bei unserm feinen Herrn Nachbarn von gegen-über. Flemming und ich sind schon beim ›du‹ ange-kommen. Und weißt du, warum der mir immer so komisch vorkam? Das ist ein Fischkopp!«

»Ich habe dir doch schon hundertmal gesagt, du sollst einfach mal normal mit dem guten Mann reden.«

»Egal, jetzt ist die Sache vom Tisch, und ich hab das Gefühl, wir beide werden noch richtig gute Nachbarn. Aber ganz was anderes, wo bleibt eigentlich mein Kassler mit dicke Bohnen? Ich muss mich doch erholen von meiner Mülltonnenaktion letzte Nacht.«

»Nacht?«

»Äh, ich mein vorhin. Also, du hast mich ja so aus dem Bett geschmissen, das hat sich für mich noch wie mitten in der Nacht angefühlt.«

»Da hast du aber gerade noch die Kurve gekriegt. Dann habe ich nämlich auch nicht gehört, wie du gestern spät abends mit unserem Auto rumgefahren bist und frage nicht nach, was du da verzapft hast.«

Nach der Nummer waren zwei Sachen für mich klar. Meine Wilma ist ein Legendenfräuken, und Biomüll ist doch für was gut.

GLÜCK AUF!

EUERN OTTO

LÜDENSCHEID-NORD

KINNERS,

der Tag, an dem wir in die verbotene Stadt fahren wollten, begann mit einem deftigen Regenschauer. Kein
Wunder, dass sich der königsblaue Himmel zugezogen
hatte. Bei uns auf Schalke ist das Wort Dortmund ja aus
dem Vokabular gestrichen. Da sagst du entweder Lüdenscheid-Nord oder das eine oder andere Schimpf-
wort. Ich sag meistens Sauerland. Das hab ich von
meinem Opa übernommen. »Guck dich dat an! Die
Sauerländer haben wieda richtich gepflecht ein vorn
Koffer gekriecht«, hab ich ihn als Blag oft rufen hören.
Aber ganz im Vertrauen, ich hab es nicht so mit diesen
ganzen Abneigungen. Eine gesunde Rivalität ist natürlich eine feine Sache, aber wenn das in Beleidigungen
und Kloppereien ausartet, ist mir das alles zu viel. Ich
hab sogar ein paar Kumpels, die dem schwatz-gelben
Bienenvolk zugetan sind. Mein Kumpel Erwin ist da
ein bisschen anders unterwegs. Der gehört zu den Leuten, die auf der Autobahn umdrehen, wenn auf irgend-
einem Schild bloß Dortmund zu lesen ist. »Wie gehen
wir denn jetzt vor? Wir müssen in die verbotene Stadt.
Ich mein, hier auf Schalke, da ist Niveau, da ist große

Oper. In Lüdenscheid-Nord ist Katzenkirmes und Kommerztum.«

»Ach komm, Kommerz ist überall. Das ist Profi-Fussek. Wenn die Kohle passt, ist auf einmal der Russe dein bester Freund oder irgendein Scheich.«

Wir einigten uns darauf, mit der S-Bahn ins Sauerland zu fahren. Für unsere mit Schalke-Aufklebern verzierten Karren war das vermintes Gelände. Erwin meinte, als Rentner könne man eh fast umsonst Bahn fahren, er hätt quasi ein Diplom in Fahrkartologie.

Nachdem Erwin am Bahnhof ungefähr fünf Minuten auf dem Kartenautomaten rumgedrückt hatte, mich ratlos anschaute und nach meiner Ausweisnummer fragte, wurd mir das alles zu bunt. Ich lief zum Servicecenter und hielt Erwin eine Minute später unsere Tickets unter die Nase.

»Wo hast du die her? Hast du dich am Schalter übern Tisch ziehen lassen?«

»Machst du bei Bahntickets jetzt einen auf Sparhannes, oder was?«

»Bei der Bahn fehlt mir das Pünktlichkeitsmomentum.«

»Was für'n Ding?«

»Ganz einfach. Steigst du im Ruhrpott in ne Bahn, weißt du nie, wann und wo du wieder rauskommst. Das ist die Kohle nicht wert.«

Im Sauerland angekommen, machten wir uns auf in Richtung Immobilienfirma. Den Fußweg hatte ich mir extra zu Hause ausgedruckt. Erwin kam damit gar nicht klar. »Zu Hause ausgedruckt? Hast du keinen Faden dabei?«

»Wieso Faden?«

»Den machen wir hier an der Laterne fest. Du wickelst den beim Laufen ab, und wir finden bombensicher zurück. – Guck hier.«

Erwin zog ein riesiges Handy aus der Tasche, fummelte ein wenig daran rum und hielt mir den Bildschirm unter die Nase. »Das ist ne Fußgänger-Äpp. Zeigt automatisch den Weg. Direkt mit einem Satelliten verkabelt das Ding.«

»Dann lass ma jucken, ich dackel hinterher.«

Erwin lief zielsicher geradeaus, die Erste links und nach ein paar hundert Metern wieder rechts. Plötzlich blieb er stehen. »Kacke! Der Akku hat schlapp gemacht.«

»Rückschritt durch Technik, wa. Und jetzt?«

»Die letzte Meldung war, am Ende der Straße rechts.«

Wir liefen bis zum Ende der Straße, bogen rechts ab und suchten die Zentrale von Mursch Immobilien. Vergeblich. Ich war schon gut auf Temperatur. Wie zwei Rentnermuttis auf Kaffeefahrt liefen wir orientierungslos durch die Gegend. Als wir uns an der nächsten Straßenkreuzung umschauten, kam es, wie es kommen musste. Auf der anderen Straßenseite begrüßte uns der Sauerländer Hauptbahnhof.

»Nicht wahr, oder?«

»Ich sag da nichts mehr zu. Du mit deinem verkackten Handy. Die ganze Nummer hier bleibt schön unter uns.«

Wir liefen schnurstracks zum Taxistand und hüpften in die erstbeste Sauerlandkutsche. Ich gab dem Taxifahrer die Anschrift.

»Ihr seid euch sicher, dass ihr da hin wollt? Da müssen wir einen Pauschalpreis machen. 30 Euro, sonst lohnt sich das nicht.«

»Is gebongt.« Mit einem dicken Grinsen auf den Backen fuhr der Taxifahrer los. Bevor ich mich überhaupt richtig anschnallen konnte, hielt das Taxi schon wieder an. »Endstation. Macht 30 Euro.«

Auf dem Haus neben uns prangte das Firmenlogo von Mursch Immobilien.

»Ich will da nicht rein. Der abgezockte Taxifritze war doch der beste Beweis. In Lüdenscheid-Nord ticken die Uhren nicht anders. Die haben gar keine Uhren.«

Ich erklärte Erwin, dass wir uns nicht ablenken lassen durften, sondern dem Chef von der Immobilienbutze gut zureden müssten.

»Du meinst gut zureden im Sinne von gut zureden?«, sagte Erwin und schlug sich mit seiner Faust in die offene Hand.

»Nee, lass ma. Ich mein, dass wir dem von Auge zu Auge erklären, was er anrichtet. Dass er Jupps Legendenkiosk zerstört. Guck dir den Prachtbau hier an. Auf die paar Euro von Jupps Mieterhöhung sind die nu wirklich nicht angewiesen.«

Wir betraten die Zentrale von Mursch Immobilien und wurden von einer freundlichen, jungen Dame am Empfangstresen begrüßt. Nach kurzem Begrüßungsgeplänkel, bei dem ich meinen natürlichen Charme voll ausspielen konnte, wandte sie sich ab und griff zum Telefonhörer.

»Das tut mir leid, da muss ein Missverständnis vorliegen. Herr Dr. Mursch ist diese Woche nicht im Haus. Der ist auf Geschäftsreise in Berlin. Was ist denn Ihr konkretes Anliegen?«

»Ja, also es geht um Immobilienfragen in Gelsenkirchen-Buer.«

»Okay, wollen Sie kaufen, verkaufen oder mieten?«

»Wir wollen eigentlich behalten.«

»Ach so, also geht es um Häuserverwaltung. Dann schau ich mal, ob der Herr Krausel einen Moment Zeit für Sie hat.«

Das ging noch ein Weilchen so hin und her, bis ich der Dame endlich verständlich gemacht hatte, warum wir überhaupt bei ihr auf der Matte standen. Als sie mich dann schnippisch fragte, ob wir überhaupt befugt seien, im Namen von unserem Bekannten Jupp zu handeln, wurde es Erwin zu bunt. Er schob mich zur Seite und beugte sich über den Empfangstresen: »So, Schätzchen, jetzt ist Schluss mit Tiki-Taka. Jetzt übernimmt der Vorstopper das Kommando. Entweder du besorgst uns sofort einen Termin bei einem, der hier was zu melden hat oder …«

»Oder?«, fragte die Dame völlig gelassen.

»Oder … oder ich weiß, wo ihr eure Autos parkt.«

Wir konnten gar nicht so schnell gucken, wie wir von vier kräftigen Herren in gutsitzenden Anzügen aus dem Gebäude geleitet wurden.

Erwin und ich waren uns schnell einig, ein frisches Pils musste her. Begleitet von einem ordentlichen Korn. Wir liefen in die erste Kneipe, die uns vor die Füße kam, setzten uns an die Theke und bestellten zwei Herrengedecke.

»Ich hab ja schon viele Kacktage erlebt in meinem Leben. Aber der heute ist ganz vorne mit dabei.«

»Das liegt nicht an uns, Otto. Das liegt an Lüdenscheid-Nord. Ich muss erst ma pinkeln.«

Kurz darauf kam Erwin kreidebleich zurück aus dem Gang, der Richtung Toilette führte: »Otto … das … das …«

»Was ist denn los? Bist du versehentlich aufs Frauenklo gerannt?«

»Da … da …« Erwin zeigte hektisch Richtung Toilette. Als ich den kleinen Flur Richtung Klo betrat, wurde mir ganz schummerig. Der gesamte Gang hing voll von schwarz-gelben Fanutensilien. Als ich mich umdrehte und zurück Richtung Theke ging, kapierte ich, wo wir hier gelandet waren. Die Wand hinter uns hing voll mit Autogrammkarten von Dortmund-Spielern und an der Tür prangte von innen ein großes Schild:

> **SCHLÜMPFE HABEN**
> **HAUSVERBOT!**

»Erwin, wir verhalten uns jetzt ganz ruhig.«

Wir bezahlten und liefen hauchzart wie auf einem Karton Eier Richtung Ausgang. Da kam plötzlich der Wirt hinter uns her.

»Jungs, habt ihr nicht was vergessen?«

»Ich wüsst nicht?«

»Ja, hier, euer Wechselgeld.«

»Nee, lass ma, stimmt schon.«

»10 Euro für zwei Herrengedecke? Das sind ja Preise wie in Herne-West. So viel Trinkgeld will ich nicht.«

Ehe ich etwas sagen konnte, knurrte Erwin: »Dafür schmeckt das Bier da besser.«

Daraufhin brüllte die halbe Kneipenbesatzung was von »Schlumpfplörre« in unsere Richtung. Ein, grob geschätzt, 120-Kilo-Typ kam aus seiner schattigen Ecke und schrie in die Runde: »Ich glaub, ich riech Schlumpfenfleisch! Was soll das Gefasel über Herne-West?!«

Fast wär es um Erwin und mich geschehen gewesen. Zum Glück ging der Wirt dazwischen: »Ruhig – Bolde! Wir haben uns bloß über die Getränkepreise in Herne-West unterhalten. Du glaubst doch wohl nicht, dass es Schlümpfe gibt, die so blöd sind, in unsere Kneipe zu kommen und uns was vom königsblauen Pferd zu erzählen, oder?«

Bei dem »oder« warfen uns der Wirt und Bolde kritische Blicke zu. Erwin und ich schüttelten die Köpfe, verabschiedeten uns mit einem »Nee, nee, das würd doch keiner machen« und verließen ohne weiteres Aufsehen zu erregen die Kneipe.

Als wir schnellen Schrittes um die Straßenecke gebogen waren, begann Erwin laut zu lachen. Ich stimmte ein und haute ihm auf die Schulter: »Das muss aber für immer unter uns bleiben, dass wir uns in einer schwarz-gelben Fankneipe den Frust runtergespült haben. Lass uns zurück in die Heimat, wo der Himmel königsblau ist und das Arenadach über uns alle wacht.«

»Ich fühl mich so elend. Wir haben unsere Farben verraten. Wir hätten zu Schalke stehen müssen. Komme was wolle.«

»Von wegen! Ich mein, ich trag Schalke nun wirklich im Herzen, aber mich im Sauerland durch den Wolf drehen lassen, das muss ich nicht haben.«

Erwin und ich liefen schweigend zum Bahnhof, fuhren zurück nach Gelsenkirchen und standen kurz darauf in Jupps Kiosk. Wir erzählten ihm lang und breit von unseren Abenteuern im tiefsten Sauerland und gestanden ihm, dass wir nichts für ihn reißen konnten.

»Ich hatte mir schon gedacht, dass bei eurem Ausflug nichts rum kommt, ich mein, nicht viel. Trotzdem danke, also danke, ne. Schön, wenn man Freunde hat, richtige Freunde, auf die man sich verlassen kann. Aber wartet ma, wartet ma kurz, ich hab da was für euch.«

Jupp kramte in seinen Süßigkeitenkisten und kam über beide Backen grinsend zu uns an den Tisch: »Hier, Männers, zwei süße Schlümpfe für euch. Die habt ihr euch heute richtig verdient, aber richtig.«

WER DEN SCHADEN HAT, SAGT EINFACH GLÜCK AUF UND HÄLT DIE KLAPPE, WA.

EUERN OTTO

SCHNEESCHÜPP-RODEO

KINNERS,

ein paar Tage nach unserem Fiasko im Sauerland zog ich morgens die Rollladen hoch und konnte mein Glück kaum fassen. Der erste Schnee des Jahres war gefallen. Es gibt zwei Gruppen, die sich wie sonst niemand über Schnee freuen. Blagen und Rentner. Die Blagen können Schlittenfahren, Schneemänner bauen und Schneeballschlachten veranstalten. Rentner haben eine Mission zu erfüllen. Den Bürgersteig sauber halten. Ich kann den gesamten Tag drauf verwenden, jede Schneeflocke einzeln aufzulesen und den Bürgersteig danach millimeterweise mit Salz zu beträufeln. Natürlich mache ich dazwischen immer ein Päusken, unterhalte mich mit den Leuten, die vorbeilaufen oder mit meinen Schneeschnüppkollegen aus der Nachbarschaft. Bei uns auf der Straße hat sich mit den Jahren ein richtiger Wettbewerb in Sachen Schneeschüppen entwickelt. Was für Außenstehende wie ein völlig planloses Schneegschiebe und Rumgemopper über die Wetterlage aussieht, ist in Wahrheit ein brutaler Konkurrenzkampf. Es gibt vier wichtige Punkte, die kriegsentscheidend sind.

Uhrzeit

In Sachen Uhrzeit tu ich mich als Rentner immer schwer. Da haben die Malocher bei uns auf der Straße einen Vorteil. Die können entweder vor der Schicht noch eine Runde Schnee schüppen oder sie machen das sofort, wenn sie früh morgens von der Spätschicht nach Hause kommen. Da gilt übrigens das ungeschriebene Gesetz, dass jede Schüppung, die vor 4 Uhr morgens anfängt, zum Tag davor zählt. Sonst wär es ja auch zu einfach. Du gehst noch mal kurz nach Mitternacht runter, ziehst eine Bahn und legst dich ins Bett.

Klamotten

Hier gilt die Regel, je weniger Klamotten, desto höher steigt das Ansehen. Als echter Kerl könnte ich natürlich auch komplett nackt schüppen, aber dann sitzt du schneller als du gucken kannst beim Urologen wegen sonst welcher Schikanen. Deshalb ist eine warme Unterbuxe Pflicht. Meine liebste Kombination ist immer noch eine Jogging-buxe über die Schlafanzugbuxe gezogen, Schlafanzugjoppe aufgeknöpft drüber lassen und natürlich Pantoffel an den Füßen. Mit dem Outfit bin ich in der Morgenrunde ganz vorne mit dabei. Nur wer hier zu früh in der Saison zu viel Haut zeigt, läuft Gefahr, sich eine Lungenentzündung einzufangen und aus dem Wettbewerb auszuscheiden.

Geräuschkulisse

Die Geräuschkulisse, das ist das eigene Stöhnen und Moppern und quasi die B-Note in unserem Wettbewerb. Hier kommt es

auf den künstlerischen Ausdruck an. Wichtig ist vor allem
lautes und deutliches Stöhnen. Dadurch hören alle Frauen
auf der Straße, selbst durch geschlossene Fenster, was für eine
Plackerei das ist. Meine liebsten Ausrufe sind: »Leckmich-
annehosewokommtderganzeschneeher?«, »Kommherdu-
altesdreckszeugundwegmitdir« und natürlich der Klassiker,
ein tief aus dem Magen gezogenes »Hmmmmmmmeinrücken-
machtdasauchnichtmehrlangemithier!«

Schüppengewicht

Den größten Eindruck macht, wer die schwerste Schüppe am
Start hat. Mit so komischer Alukacke aus dem Baumarkt
brauchst du auf unserer Straße gar nicht erscheinen. Die
beste Schüppe ist eigentlich eine komplette Eiche, wo nur
unten eine Rundung in den Stamm geschliffen wurde.
Problem ist dabei, dass so eine Eiche keine Sau bewegen
kann. Aber sonst muss es sich pauschal so anfühlen, als
würdest du mit deiner Schüppe nicht nur den Schnee,
sondern auch noch drei Elche und vier Eisbären vor dir her-
schieben. Zwischendurch wird getauscht, und wer mit allen
Schüppen seinen Schnee wegbekommt, liegt weit vorne.

In diesem Jahr wollte ich unbedingt die Meisterschaft
gewinnen. Noch war niemand auf der Straße zu sehen, also konnte ich mir schon mal einen kleinen Vor-
sprung rausarbeiten. Ich zog meine Joggingbuxe über
die Schlafanzughose, schwang mich in meine Pantoffel
und zog los. Meine Schneeschüppe war noch ein Erb-

stück von meinem Opa. Solche Schüppen werden heute gar nicht mehr gemacht. Echtes Holz, Metallverschläge und knapp ein Meter Schiebefläche. Als mein Opa eines Tages hinter seiner Schneeschüppe zusammengebrochen war, überreichte er mir die Schaufel mit den Worten: »Junge, auf dein alten Herrn is beiet Schneegeschüppe kein Verlass. Dat is bei uns wie innet englische Königshaus. Wir müssn ne Generation wechlassen. Du wirs ab heut de Schneeschüppe vonnet Haus Redenkämper tragen un für uns inne Schlacht ziehn. Mach mich keine Schande!« Nach ein paar Stunden des immer gleichen Ablaufs, Schüppen, Moppern, Streuen, Kaffeepause, Schüppen … traf mich plötzlich ein kaltes Geschoss am Hinterkopf. Ich wirbelte herum und sah ein Blag, das schon mit dem nächsten Schneeball auf mich zielte. Der zweite Schneeball erwischte mich voll im Gesicht: »Bist du bekloppt?! Hör auf, alte Leute zu beschmeißen. Das ist ja lebensgefährlich!«

Ich wischte mir den Schnee aus dem Gesicht, schaute mir das Blag genauer an und – das war das Bocksprung-Blag. Heute durfte es mir nicht entkommen. Ich ließ die Schüppe fallen und rannte hinter dem Blag her. Mit meinen Pantoffeln geriet ich aber schon beim Nachbarhaus ins Wanken und konnte mich grade noch so am Laternenpfahl festhalten. Das Blag blieb stehen, drehte sich um und formte einen neuen Schneeball.

»Wag es nicht! Wag es ja nirmpffsfff.«

Der Schneeball schmeckte nach dreckigem Asphalt. Bis ich mich gesammelt hatte, war das Blag über alle Berge – und ich reif für meinen Mittagsschlaf.

»Wach auf! Das hört gar nicht auf zu schneien. Du musst noch mal ran. Die Nachbarn sind auch schon am Schüppen dran.«

Also ich wieder rein in die Montur und raus auf die Straße. Da gab es ein großes Hallo. Nachbar Flemming hatte sich eine Schneeschaufel für seinen Rasentraktor geholt und zog seine Bahnen.

»Flemming, du weißt, dass du wegen unerlaubter technischer Hilfsmittel nicht mitmachen darfst?!«

»Du kommst genau richtig. Genau richtig. Mein selbst angesetzter Glühwein ist fertig. Ich mein richtig fertig. Wie es aussieht, wird das der letzte Winter in meinem Kiosk. Stell dir das ma vor, der letzte Winter. Also lass uns noch ma alles geben, und damit meine ich alles.«

Jupps Glühwein ist legendär. Er setzt den seit Jahren in einer Regentonne im Hof an. Die Zutaten sind streng geheim und ehrlich gesagt hat sich auch noch nie einer getraut zu fragen. Das Zeug verursacht eine Geschmacksexplosion sondergleichen. Da ist alles drin von Zimt, Zucker, Anis, Doppelkorn bis Kümmel, und ich schmecke immer einen Hauch Rheumasalbe mit raus. Der Glühwein wird ausschließlich an Jupps Stammkunden ausgeschenkt, die ihm vorher versichert haben, dass sie das Zeug auf eigene Gefahr trinken. Wir alle süppeln die Plörre jetzt schon seit Jahren, und bisher gab es noch keine Beschwerden. Jupp machte mir mit seiner Kelle meine »Hopfenveganer«-Tasse voll, und wie jedes Jahr fiel mir beim ersten Glühwein wieder dieselbe Geschichte ein.

Kurz nachdem ich mit Wilma zusammengezogen war, hatte es einen Tag lang wie Teufel geschneit, und ich musste ran an die Schüppe. Während ich so am Schüppen dran war, fuhr auf einmal ein großer Schneeklotz mit gefühlten drei Stundenkilometer an mir vorbei. Du hast nichts gesehen, nur Reifen und vorne und hinten war der Schnee grob von den Scheiben weggewischt. Als ich überlegte, wer so bekloppt sein könnte, sich einfach stumpf in die Karre zu setzen und loszutuckern, fiel ein Stück Schnee vom Nummernschild, und ich konnte OR-04 erkennen. Kacke, das ist ja mein Auto, ist Wilma verrückt geworden?, dachte ich. Ich schmiss die Schüppe weg, rannte zum Auto und hämmerte wie verrückt gegen die Fahrerseite. Das Auto blieb stehen, ich riss die Tür auf – und dann ging's rund. »Bist du verrückt geworden? Was fährst du hier mit deinem Schneepanzer mit drei Stundenkilometer im totalen Blindflug über die Piste? Das ist ja lebensgefährlich. Deine Scheiben sind genauso frei wie die A40 am Montagmorgen. Das kann doch alles nicht wahr sein!«

Was willst du als Kerl in so einer Situation machen?

Ich hab Wilma aus dem Auto rausgeholt, die Karre an den Seitenstreifen gefahren, den Schnee abgebürstet und die Scheiben freigekratzt. Dann hab ich Wilma den Autoschlüssel zurückgegeben und sie gefragt, wofür sie denn überhaupt bei dem Wetterchaos so dringend ihr Leben riskieren müsste. Und ihre Antwort habe ich bis heute nicht vergessen: »Ich muss zum Friseur!«

Das Bimmeln meines Handys riss mich aus meinen Gedanken. Es war die Schneegeneralin höchstpersönlich.

»Hallo, mein Täubken, was kann ich für dich tun?«

»Du musst sofort nach Hause kommen, die Heizung ist ausgefallen!«

Doch bevor ich mich der Heizung widme, sag ich erst mal:

GLÜCK AUF!

EUERN OTTO

KINNERS,

zu Hause kam Wilma wie vom Poltergeist gebissen auf mich zugeschossen.

»Jetzt tu doch was, Otto! Es ist schweinekalt hier in der Wohnung. Kennst du keinen Heizungsnotdienst oder so was?«

»Da lassen wir schön die Finger von. Guck ma aufn Tacho, es ist nach 20 Uhr. Das läuft bestimmt schon unter Sonderfahrt, und dann verzwölffachen die ganz geschmeidig die Rechnung.«

Ich bin sofort mit meiner Taschenlampe in den Heizungskeller marschiert. Fachmännisch habe ich einmal vorne gegen das Glasdings geklopft, einmal leicht unten gegen die runde Ausbuchtung getreten und die Heizung an dem großen roten Knopf aus und wieder eingeschaltet. Es tat sich nichts.

»Ich hab keinen Plan, was da los ist. Da muss ein Experte ran. Wir müssen bis morgen durchhalten. Ich ruf gleich um 8 Uhr beim Installateur an.«

»Das sind ja noch zwölf Stunden, bis dahin bin ich erfroren«, sprachs und hockte sich, wie früher unser Oma, in der Küche vor die offene Backofenklappe.

Nachdem ich alles, was in unserer Wohnung Wärme ausstrahlte, eingeschaltet und dazu noch alle auffindbaren Kerzen angezündet hatte, besuchte ich Wilma in ihrem Wärmebunker. Sie hatte sich auf der Eckbank in unserer Küche eine Deckenstation gebaut, so viele Kleidungsstücke übereinander gezogen wie sie finden konnte und bibberte vor sich hin.

»Ich hab gerade Fieber gemessen. Meine Körpertemperatur liegt bei 35,9 Grad. Das ist doch nicht normal. Ich fühl mich auch schon ganz komisch. Ich hab kein Gefühl mehr in meinem kleinen Zeh.«

»Jetzt stell dich nicht so an. In deinem kleinen Zeh war noch nie Gefühl drin. Und was soll der Mumpitz mit dem Fieber messen?«

»Ich halt das nicht mehr aus. Das ist ja noch ewig hin, bis hier mal ein Installateur aufschlägt. Entweder du rufst jetzt sofort den Notdienst oder ich schlafe heute Nacht bei meiner Schwester.«

Was Kälte angeht, war ich durch meine Fensterhängerei abgehärtet. Ich schmierte mich einfach von Kopf bis Fuß mit wärmender Rheumasalbe ein, wartete, bis die Rheumasalbe zu kacheln anfing, gönnte mir noch einen wärmenden Kräuterschnaps und legte mich mit ein paar heißen Körnerkissen an den Füßen ins Bett.

Da kam eine SMS: »Bin gut angekommen. Meld dich, wenn die Heizung wieder geht. W.«

Am nächsten Tag rief ich beim Installateur an, und der stand wenig später zusammen mit mir im Heizungskeller.

»Hmm, hmmm, hmmm.«

»Ja, so weit war ich gestern auch schon.«

»Hmmm, hmmm, hmmm, ei, ei ei.«

»Klingt nach Zahlemann und Söhne, oder?«

»Auf den ersten Blick würd ich sagen, da stimmt was nicht mit dem Wasserdruck. Ich guck mir das an und sag Bescheid.«

Dachte der Handwerker, dass ich ihn da jetzt in Ruhe fummeln lasse? Von wegen. Seit ich Rentner bin, rück ich Handwerkern nicht mehr vom Leib. Nicht weil ich denen nicht traue, sondern weil es meine Pflicht ist. Kontrolle ist erste Rentnerpflicht und meistens schnappe ich noch ein paar Fachbegriffe auf, mit denen ich am nächsten Tag im Kiosk um mich werfen kann.

»Das ist keine große Sache. Der Schlauch für die Wasserversorgung sitzt nicht mehr richtig. Da hat sich ein Verbindungsteil gelöst. Der Schlauch sieht aber auch schon etwas mitgenommen aus. Am besten, ich mach Ihnen das Teil komplett neu, und dann müsste die Heizung wieder laufen.«

»Komplett neu hört sich happig an. Wie teuer wird der Spaß?«

»Mit Anfahrt, Arbeitszeit und Ersatzteilen rund 150 Euro.«

»Is gebongt. Wie laufen die Geschäfte sonst so?«

»Ganz gut, unser Geschäft ist krisensicher. Ich sag immer, Darm und Heizung verlassen dich nie.«

»Für mich wär das nichts. Ständig fliegt dir die Suppe von anderen Leuten um die Ohren.«

»Da gewöhnt man sich dran, wo haben Sie denn früher gearbeitet?«

»Unter Tage.«

»Also auch ein waschechter Malocher.«

»Jau.«

»So klassische Malocher gibt's heute immer weniger. Wenn ich bei jungen Leuten was zu tun hab, die haben zwar bunte Mützen, die neusten Frisuren und Bärte, aber wenn du einen anhaust, der soll an der Heizung mit anpacken, weißt du was die dann sagen? Letztens sagte einer zu mir ›Da hol ich lieber meine Eltern, ich darf nicht so schwer heben.‹ Und dann kamen Vatti und Mutti, beide gut über sechzig, angelaufen und haben das Ding mit mir aus der Verankerung gewuchtet.«

»Wo soll das nur enden, wenn bald keiner mehr richtig anpacken kann?«

»Aber ist ja nicht alles schlecht, was die jungen Leute machen. Mit Energiesparen und richtig Lüften und so, das haben die drauf. Wenn ich da manchmal bei älteren Modellen in den Wohnungen bin, da fällt dir nichts mehr ein. Letztens war ich bei einer, die hat ihre Wäsche aus der Waschmaschine geholt und im

Wohnzimmer aufgehängt. Bei geschlossenen Fenstern und voll aufgedrehter Heizung. Ich sag dir, ich dacht, ich steh im Urwald. Und dann meinte sie zu mir ›Ich glaub, meine Wände sind feucht, ich hab so Angst vor Schimmel. Ich glaub irgendwas stimmt mit der Heizung nicht.‹ Was willst du da sagen?«

Bei so einem Malocherplausch verging die Zeit wie im Flug. Die Heizung war im Handumdrehen repariert und die Eiszeit beendet.

Als Wilma zurück nach Hause und ins Wohnzimmer kam, schaute sie mich wütend an: »Das ist ja immer noch eiskalt hier! Du hast gesagt, die Heizung geht wieder! Ich fahr sofort zurück zu meiner Schwester!«

»Mein Täubken, komm ma wacker an mein Händchen. Ich hab ne kleine Überraschung für dich.«

Ich führte Wilma zu ihrem Nähstübchen und legte ihre Hand auf die Türklinke.

»Und jetzt ganz langsam aufmachen.«

Wilma öffnete die Tür, sah die Heizung an, sah mich an und fiel mir um den Hals: »Otto, du bist immer noch ein Romantiker aus Leidenschaft, auch nach so vielen Jahren!«

Warum Wilma mir so plötzlich freudig um den Hals fiel? Ganz einfach. Die Heizung lief natürlich längst wieder, aber ich hatte alle Heizkörper in der Wohnung ausgestellt und nur den in ihrem Nähstübchen voll aufgedreht und eine große rote Schleife darum gefriemelt. Und damit hatte ich Wilmas Herz in unter fünf Sekunden von eiskalt auf butterweich gebracht und das, obwohl unser Ehemotor schon über 40 Jahre auf dem Buckel hat.

EIN GESCHMEIDIG TUCKERNDES GLÜCK AUF!

EUERN OTTO

KRISTALL METT

KINNERS,

zusammen mit meiner Wilma saß ich gemütlich im muckelig beheizten Wohnzimmer auf unserm Sofa. Freitags haben wir immer ein festes Ritual, wir gucken alle Talkshows in den Dritten Programmen durcheinander. Meine Wilma hat die Kontrolle über die Fernbedienung und zappt durch die Kanäle. Je nach Gästelage geht es hin und her mit Kommentaren wie »Den Blödmann kann ich nicht am Kopf haben«, »Was hat die denn an?«, »Der sitzt aber auch in jeder Talkshow, braucht wohl Kohle« oder der Klassiker »Früher war da mehr Leben in der Bude«. Als irgendein Fernsehkommissar gerade zu einer lustigen Geschichte aus seiner Jugend ansetzen wollte, klingelte das Telefon. »Residenz Redenkämper«.

»Sehr witzig, Otto. Sehr witzig. Ich bin's, Jupp. Kann das sein, dass euer Besuch bei der Mursch-Firma eine noch größere Katastrophe war, als ihr mir erzählt habt? Ich mein, eine viel größere Katastrophe? Ich war heute bei meinem Anwalt, und der hat gesagt, mit einem Mal würden die Immobilienheinis noch ruppiger vorgehen als sowieso schon. Ob ich mir das erklären könnte? Der fragt mich, ob ich mir das erklären könnte!«

»Wir haben wirklich alles versucht. Das sind einfach aalglatte Schmierlappen, an die kommst du nicht ran.«

»Lass uns morgen Abend bei mir zusammensetzen und einen Krisenstab abhalten. Ich sag Erwin Bescheid. Dem werd ich richtig Bescheid geben.«

»Morgen kann ich nicht, da ist Schalke.«

»Dann Sonntagabend. Sonntag geht auch. Ich sag meinem Cousin Bescheid, dass der die Schicht im Kiosk übernimmt. Der soll das übernehmen. Dann haben wir genug Zeit, eine Lösung zu finden. Wir müssen eine Lösung finden!«

»War das Jupp?«, fragte Wilma, »du bist immer so besorgt um alle. Ich kraul dir jetzt ein bisschen die Rückenhaare, und dann kommen dir bestimmt ein paar gute Ideen.»

Sonntagabend saß ich zusammen mit Erwin bei Jupp auf dem Sofa. Uns allen lag das Ergebnis vom Schalke-Spiel noch quer im Magen. Wie du so eine sichere Führung noch aus der Hand geben kannst, das geht auf keine Kuhhaut. Zum Glück standen vor uns eine große Schüssel Kartoffelsalat und eine Lage Frikadellen. Optimale Verdauungshilfen für so einen Ausgleich kurz vor Abpfiff. »Männers, ich erklär euch kurz die Sachlage. Mein Anwalt rief letzte Tage an und meinte, der Eigentümer hätte klipp und klar zwei Alternativen vorgeschlagen. Ich hab also zwei Alternativen. Für eine der beiden muss ich mich in den nächsten vierzehn Tagen entscheiden, zwei Wochen kann ich überlegen. Der Anwalt meinte, er könnte da auch nichts mehr ausrichten. Nichts könnte der ausrichten. Die Immobilienheinis hätten alle Tricks ausgenutzt, und vor Gericht kämen die damit durch. Stellt euch das vor, die kämen damit durch. Die erste Möglichkeit ist ganz einfach. Ganz einfach ist die. Wohnen bleiben und höhere Mieten für meinen Kiosk und meine Wohnung bezahlen. Aber das läuft nicht, nee, also gar nicht. So viel Kohle verdien ich nicht. Da müsst ich mehr verdienen, also richtig viel mehr. Die zweite Möglichkeit, ich packe meine Sachen und geh, ich geh einfach. Mein Anwalt hat noch ne Abfindung rausgeschlagen. Wenn ich den Auflösungsvertrag ohne Mucken unterschreib und vierzehn Tage später raus bin aus Wohnung und Kiosk, bekomme ich fünftausend Schleifen bar auf die Kralle. Ich mein, das sind immerhin fünftausend Schleifen. Davon kann ich meinen Anwalt und meine Umzugskosten bezahlen, und wenn ich Glück hab, bleiben am Ende noch ein paar Euro übrig. Aber nur, wenn ich Glück hab. Am liebsten würd ich einfach hierbleiben. Oder glaubt ihr, Rita und ich haben Bock, in unserem Alter woanders neu anzufangen? Da haben wir kein Bock zu.«

»Menschenskinder, wenn du gerne hierbleiben

möchtest, muss mehr Kohle auf den Tisch. Das muss doch zu schaffen sein. Oder was meinst du, Erwin?«

»Jau. Kohle ist der beste Problemlöser. Wir müssen den Kiosk auspressen wie eine nackte Zitrone. Vielleicht musst du noch irgendwas anderes verticken. Oder du setzt voll auf Alkohol. Das ist das neue Gold.«

»Häh?«

»Au weia, Jupp, frag lieber nicht, sonst fängt Erwin wieder mit seinem Alkohol-Geschwurbel an.«

»Das würd mich jetzt aber doch interessieren, das interessiert mich.«

»Ich hab da ne Theorie ausmanövriert. Wie wir alle wissen, ist Dauerkrise angesagt. Immer ist irgendwo Bambule. Entweder kriegen sich die Länder untereinander an die Köppe oder die Banken machen einen Rittberger. Und bisher hieß es, packt eure Kohle in Gold, und ihr habt was in der Hand, wenn die Welt den Bach runtergeht. Und da hab ich überlegt, ich müsste den Leuten einen Schritt voraus sein. Was ist schon immer beliebter als Gold? Was brauchen die Menschen, seit sie aus ihren Höhlen gekrabbelt sind? Was wird immer wertvoller und macht dich im Notfall auch noch glücklich? Und da sah ich den alten Whiskey bei mir im Regal stehen. Den hatte mir mein alter Herr vererbt. Der wird jedes Jahr wertvoller. Und da kam mir der Nierenstein der Weisen. Einen Goldklumpen kannst du nicht essen, und im Notfall musst du einen finden, der dir das Ding abkauft. Den Klumpen könntest du höchstens gegen was zu Futtern oder ne Pulle Bier eintauschen.« Und dann kam die Genialität seiner Strategie zum Vorschein: »Warum teuer Gold kaufen, das ich nachher sowieso in Alkohol umtausche, wenn ich mir direkt Alkohol im Keller bunkern kann? In Sachen Haltbarkeit sind Schnappes, Wein und Whiskey unschlagbar. Und kommt es am Ende hart auf hart, kannst du dir mit deinem Alkoholvorrat den Weltuntergang immer noch schön saufen.«

»Jetzt sag mir eins. Eins sag mir ma. Wie bringt das meinen Kiosk und mich weiter? Soll ich meine Lebensversicherung kündigen. Alles kündigen und das Geld in Alkohol packen? Dann wart ich auf den großen Kollaps und zahl die Miete mit einer Pulle Wein pro Monat? Oder warte, nee warte, ich kauf mit zwei Pullen Whiskey gleich das ganze Haus hier.«

»Das wär immerhin ein Plan. Aber wie kriegen wir die Zeit bis zum Kollaps rum?«

Mir wurde das alles zu bunt. Ich schlug mit der Faust auf den Tisch: »Kinners, das ist doch alles Kokolores! Wir haben uns getroffen, um Jupp zu helfen und labern nur um den heißen Stuhl herum. Also lass uns ein paar Lösungen auf den Tisch packen.«

Nachdem wir die Varianten Tierfutterverkauf, Pfandflaschenbetrug und Geldwäsche durchdiskutiert und in die Tonne gekloppt hatten, waren unsere Köpfe leer. Genau wie die Schüssel Kartoffelsalat auf dem Sofatisch. Mir kam noch eine letzte Idee, bevor mein Hirn den Geist aufgab: »Wie wär's, wenn du einen Kredit aufnimmst? Du hast doch ein Gewerbe am laufen. Da bekommst du bestimmt einen fetten Kredit. Zur Renovierung des Ladens oder so. Nur du renovierst dann nichts, sondern zahlst mit der Kohle die Miete.«

»Durch den Trichter hab ich auch schon geguckt. Da hab ich lange durchgeguckt. Aber die Sache hat einen Haken, einen dicken Haken. Wenn die Kohle vom Kredit aufgebraucht ist, sitzen wir wieder hier. Nur hab ich dann noch einen Kredit am Hintern kleben, den muss ich abzahlen, richtig abzahlen, ne. Mit dem Kredit könnt ich ein paar Monate länger durchhalten. Aber ruhig schlafen kann ich dann immer noch nicht, ich meine gar nicht.«

Wir erbarmten uns noch den letzten Pilspullen aus Jupps Kasten, so alleine wollten wir die auch nicht über Nacht zurücklassen – danach war Schicht im Schacht.

»Wach auf, ich hab's!«

Ich schreckte hoch und sah Erwin.

»Erwin? Was? Bin ich bei Jupp eingepennt?«

»Quatsch. Du liegst schön zu Hause im Heiabettchen. Wilma hat mich reingelassen. Ich weiß, wie wir Jupp retten können.«

»Wart ma kurz. Ich muss. Setz dich in die Küche, ich komm gleich.«

Ich wankte mit einem riesigen Schädel ins Bad, zog mich an und setzte mich zu Erwin in die Küche.

»Da lief gestern was in der Glotze. Das glaubst du nicht.«

»Hast du irgendwo einen slowakischen Rammelkanal über deine neue Satellitenschüssel gefunden?«

»Viel besser. Eine Doku über eine ganz neue Form von Mett. Ich hab das nur mit einem Ohr mitbekommen. Weil zu viel gebechert gestern. Aber die Wissenschaftler haben von einem neuen Mett geredet. Das wär die reinste Wunderspeise. Wenn du das futterst, fühlst du dich wie neugeboren. Die Leute würden da richtig Kohle für hinlegen. 70 Euro pro Gramm.«

»Und was hat das mit Jupp zu tun?«

»Jupp vertickert in seinem Kiosk doch Brötchen. Wenn wir da Wundermett-Brötchen verkloppen, ist Schweinekohle garantiert. Schweinekohle für Schweinemietpreise, verstehst du?«

»Haben die auch dabei gesagt, wie das Zeug heißt?«

»Der Name ist Programm. Das heißt Kristall Mett. Ein Mett, so klar wie Kristall. Von unschätzbarem Wert. Wir müssen die Marktlage erkunden. Wenn es das hier in Gelsenkirchen noch nicht zu kaufen gibt, können wir ein Monopopel erschaffen.«

»Monopol, Erwin, Monopol.«

Eh ich mich versah, stand ich mit brummendem Schädel in der Fleischerei Korrazeck. »Kristall Mett? Hab ich noch nie gehört. Ich kenn wohl Christel Mett. Das ist das Mett, das meine Frau Christel immer macht.«

»Siehst du, Otto! Die haben keine Peilung von dem Zeug. Wir schaffen das mit dem Monopopel«, flüsterte mir Erwin beim Rausgehen ins Ohr.

Auf der Straße liefen wir Spielo-Ralle in die Arme. Spielo-Ralle heißt Spielo-Ralle, weil er den ganzen Tag in der Spielothek sitzt und seine Rente verballert. Die Spielo hat sechzehn Stunden am Tag auf und so lange sitzt Ralle drin. Immer am gleichen Automaten. Für die Nummer musste Ralle einen richtig duften Energiespender nehmen. Vielleicht Kristall Mett?

»Tach, Ralle. Schon ma was von Kristall Mett gehört?«

»Ja, sicher! Das ist bei uns der Renner in der Spielo. Ich kann euch einen geschmeidigen Kontakt klar machen.«

»Sag ma, Ralle, was machst du überhaupt hier? Guck ma aufn Tacho. Es ist Nachmittag, warum bist du nicht in der Spielo?«

»Mein Automat ist kaputt. Wird repariert. Morgen früh 10 Uhr bin ich wieder am Start.«

»Mensch, Ralle, stell dir vor, die reparieren das Teil schneller und ein anderer Zocker holt da deine Rente der letzten zwölf Jahre raus.«

Ralle stürmte los Richtung Spielo. Erwin und ich natürlich hinterher. In der Spielo brachte Ralle uns mit seinem Kristall-Mett-Strategen zusammen. Typ anatolischer Großwildjäger: »Wollst du Kristall Mett, kommst du heute, wenn dunkel hinter Klo auf Baustelle da.«

Wir also schön um 19 Uhr hinter dem Malocher-klo in Lauerstellung gegangen.

»Erwin, ich bin immer noch nicht ganz klar in der Birne, aber irgendwas stimmt doch hier nicht. Ich komm nur nicht drauf. Ich hab das Gefühl, wenn ich gestern nicht so gebechert hätte, würd ich jetzt nicht mit dir hinterm Plastikklo hocken.«

Auf einmal flog die Tür vom Klostübchen auf, und der Großwildjäger stand vor uns.

»Hast du die ganze Zeit auf dem Thron gesessen, während wir hier im Dunkeln gefroren haben?«

Er zog ein Päckchen mit kleinen weißen Kristallen aus der Tasche.

»Was ist das denn jetzt? Willst du uns betuppen? Wir wollen hier kein Tiroler Badesalz kaufen. Wir su-chen Kristall Mett. M-E-T-T.« Da guckte der feine Herr Großwildjäger uns an, lachte sich kaputt und ging ohne was zu sagen zurück in die Spielo.

Noch am gleichen Abend haben wir uns Spielo-Ralle gepackt und zur Rede gestellt – und er hat uns dann aufgeklärt.

Als ich die Geschichte zu Hause Wilma erzählte, war mir die Nummer unendlich peinlich.

»Du und Erwin, ihr seid aber auch zwei Chaoten. Mit Mett Jupps Kiosk retten, da musst du ordentlich zugelangt haben, dass du auf die Schnapsidee einge-stiegen bist.«

»Das war nur, weil Erwin mich aus dem Bett geschmissen hat. Bis meine Gedanken sortiert waren, war die Sache schon gelaufen. Mit wachen Gehirnzellen wär mir doch sofort aufgefallen, dass Erwin irgendwas in den falschen Hals bekommen hat.«

Wilma schüttelte schmunzelnd den Kopf, schob mir ein Mettbrötchen rüber und streute grobes Meersalz drauf: »Hier, damit du heute doch noch etwas Kristall Mett unter die Augen bekommst.«

»Mein Täubken, du bist so gut zu mir. Vielleicht ist das Kristall Mett ja zu irgendwas gut, und mir kommt im Schlaf der Geistesblitz.«

Von Geistesblitz war am nächsten Morgen nicht viel zu spüren. Das Einzige, was blitzte, waren die stechenden Schmerzen in meinem Rücken. Aber wer sich bei Eiseskälte abends hinters Bauklo hockt, darf sich am nächsten Tag nicht beschweren. Ich schlug die Tageszeitung auf:

WESTFALE RÄUMT DEN LOTTO-JACKPOT AB!

Ob Lotto die Lösung für Jupp war? Aber so Glücksspiel war auch nicht das Richtige. Wir brauchten sichere Kohle und kein Risiko. Dann kam er mir endlich, der Geistesblitz. Worüber laberten wir im Kiosk den halben Tag, und wo waren wir Rentner hier im

Pott allen anderen überlegen? Beim Fußballsachverstand. Das war es. Wir mussten unser Fußballwissen in bare Münze umwandeln, und das ging immer noch am besten mit Wetten. Ich setzte mich ans Internet und schaute mir das Wettangebot an. Schnell wurde mir klar, dass damit kein Blumentopf zu gewinnen war. Setzt du auf den sicheren Sieger, kam kein Gewinn bei rum. Setzt du auf abenteuerliche Ergebnisse, war die Quote hoch, aber dein Einsatz von Anfang an in der Tonne. Was ich nur nicht ganz kapiert habe, warum die Quoten für eine Schalker Meisterschaft so unverschämt hoch waren. Für einen natürlichen Meisterschaftsfavoriten wie Schalke war das eigentlich ein Unding. Aber ganz im Vertrauen, mein Erspartes auf Schalke als Meister zu setzen, um damit Jupps Kiosk zu retten, war selbst mir zu heikel. Damit war ich mit meinem Finanzverstehertum am Ende. Es war Zeit für einen harten Schnitt. Ich tigerte zum Kiosk und sagte Jupp meine Meinung.

»Es ist Zeit für tabulos Rasen, das hat keinen Sinn mehr.«

»Was?«

»Ja, tabulos Rasen, nie gehört? Sagt man doch, wenn man einen Schnitt macht.«

»Otto, du Vogel, das heißt Tabula rasa. Tabula rasa heißt das. Lass dir ma die Ohren durchpusten. Dann klappt's auch wieder mit schlaue Wörter aufschnappen, aber nur die ganz schlauen.«

»Is ja auch egal, wie das Ding heißt. Ich sag dir, wie es ist. Mir fällt nichts ein. Ich rate dir, unterschreib diesen Abschiedsvertrag, nimm die Kohle und gib den Kiosk auf. Was Neues zu finden muss einfacher sein, als jeden Monat so viel zusätzliche Kohle für die neue Miete ranzuschaffen.«

Da kam Jupp um den Verkaufstresen und packte mir mit zittrigen Händen auf die Schulter.

»Danke, Otto! Danke! Ich wusste tief in mir drin, dass das keinen Sinn mehr hat. Von Anfang an hab ich das geahnt. Aber euer Einsatz hat mich wieder hoffen lassen, kurz hab ich wieder gehofft. Dass da nichts bei rumkommt, war mir irgendwie die ganze Zeit klar. Ich wollt es nur nicht wahrhaben.«

Als die Gefühle mit mir durchgingen und ich Jupp in die Arme fallen wollte, betrat Erwin den Kiosk: »Was geht denn hier ab? Eine Runde Jappeln im Quadrat? Jetzt macht euch nicht in eure Unterplinten. Wir haben schon ganz andere Dinge durchgestanden. Wir haben nicht jeden Tag in unserm Leben hart malocht, um uns von so Killefitt in die Knie zwingen zu lassen. Also reißt euch gefälligst am Riemen.«

»Erwin, wir haben soeben beschlossen, den Kiosk aufzugeben. Lieber ein Ende mit Drama als ein Drama ohne Ende.«

»Die Nachricht verlangt nach Doppelkorn.«

Aber Erwins Ansage hatte etwas in mir wach gerüttelt.

»An Erwins Worten ist was Wahres dran. Auch wenn wir den alten Zopf abschneiden, in unseren Körpern wabern noch genug Testosterone, dass uns neue Haare wachsen. Wenn auch an ganz anderen Stellen als wie gedacht. Und genauso ist das mit dem Kiosk. Der Kiosk wird uns jetzt abgeschnitten, aber der wird so sicher wie das Amen in der Kapelle auf Schalke an einer ganz anderen Stelle wieder nachwachsen. Ab heute wird nicht mehr zurückgeguckt.«

Ehrlich gesagt, war ich mir in dem Moment gar nicht sicher, ob das mit Jupps Kiosk ein gutes Ende nehmen würde. Aber ich konnte ihn da nicht einfach so bedröppelt stehenlassen. Also habe ich das gemacht, was ich in meiner Ehe seit Jahrzehnten durchziehe. Auch wenn du keine Ahnung hast, immer so tun als ob und mit rausgestreckter Brust voran. Jetzt musste ich nur noch rausfinden, in welche Richtung.

BIS DAHIN, GLÜCK AUF!

EUERN OTTO

CALLCENTER HIMMELREICH

KINNERS,

durch das Bohei rund um Jupps Kiosk kam ich gar nicht mehr dazu, mich um meinen eigenen Kram zu kümmern. Neben meinem Computer steht ein kleines Postkörbchen, und das hatte sich in den letzten Tagen ordentlich gefüllt. Bevor ich Rentner war, hätte ich nicht geglaubt, was da jeden Tag für Post kommt. Ich krieg jetzt mehr Post, wie zu der Zeit, als ich noch unter Tage malocht habe. Rentenbescheide ohne Ende, Einladungen von allen möglichen Ärzten und Gesundheitszentren zu irgendwelchen Untersuchungen, Darmkrebsvorsorge hier, Zahnuntersuchung da und ein bisschen Herzkreislaufgehampel dort. Dann kommen die Autohändler, die mir entweder mein Auto abkaufen oder mir ein neues Auto andrehen wollen und zu guter Letzt Versicherungen. Obwohl, eine Klamotte nimmt mit jedem Jahr, das ich älter werde, immer weiter überhand. Einladungen zu Butterfahrten. Was auf den Zetteln draufsteht, das geht auf keine Tapirhaut.

Ein bunter Nachmittag im Westerwald, mit sieben-
stündiger Busreise über Deutschlands schönste Auto-
bahnrastplätze. Zwei Millionen Euro Bingogewinn
garantiert.

Bevor ich mich bei dem Schabernack anmelde, setz
ich mich lieber in mein Auto und fahr hier in Gelsenkirchen fünf Stunden am Stück durch den Kreisver-
kehr. Da hast du das gleiche Gefühl bei und sparst eine
Menge Kohle. Diese Butterfahrten sind eh vom Aus-
sterben bedroht, jeder Rentner, der sich ein bisschen
mit dem Computer auskennt und mit beiden Pantoffeln im Leben steht, hat sofort raus, was dahinter
steckt. Kurz den Namen von der Butterfahrtenfirma in
die Suchmaschine getippt, und schon kannst du nach-
lesen, hinter welche Fichte die dich mit ihrem Reisebus
fahren wollen. Aber zurück zu meinem Postkörbchen.

Als ich die Briefe einen nach dem anderen öffnete,
fiel mir ein Schreiben meiner Rentenversicherung in
die Finger. Von dem Geschreibsel habe ich rund zehn
Wörter kapiert und die standen im Adressfeld. Allein
die Überschrift:

**Inflationsbereinigte Anpassung der Renten-
dynamik aufgrund Portfolioumschichtungen**

Ich gab Wilma den Zettel und die: »Wieso, Otto? Für
mich ist alles klar. Fehlt nur die Angabe, bei wie viel

Grad das in den Ofen muss und ob die Zutaten für zwei Personen reichen.«

»Sehr witzig. Aber Ofen ist ein gutes Stichwort. Ich brauch erst was auf die Gabel, danach ruf ich frisch gestärkt bei dem Laden an.«

Nach dem Hack-Nudel-Hack-Auflauf griff ich wacker zum Telefon. Die Warteschleife nutzte ich wie immer für eine Runde Bauchfussel-Bingo. Als ich mich gerade um mein Ohrenschmalz kümmern wollte, kam Bewegung in die Sache. Eine junge Frau begrüßte mich sehr freundlich und fragte, was sie für mich tun könne.

»Otto Redenkämper. Ich habe eine Frage zu meiner Rentenversicherung ›Rentnerflex Dynamik 50‹.«

»Da bräuchte ich einmal Ihr Autokennzeichen, bitte!«

»Autokennzeichen? Ich hab eine Frage zu meiner Rentenversicherung.«

»Aber Sie sprechen mit der Abteilung Autoversicherung. Haben Sie im Menü vielleicht die falsche Auswahl getroffen?«

»Welches Menü? Mein Menü heute bestand aus einem Hack-Nudel-Hack-Auflauf, aber was hat das mit Ihnen zu tun?«

»Kein Problem. Ich kann Sie von hier aus mit der zuständigen Abteilung verbinden. Bleiben Sie einfach dran.«

Die zweite Runde Warteschleife ging übrigens rückwärts.

»Sehr verehrter Herr Rüdenplömpker, vielen Dank für Ihren Anruf. Sagen Sie mir bitte Ihre Versicherungsnummer, dann hol ich Sie sofort auf mein Schirmchen.«

Ich gab meine Nummer durch, und der gute Mann tirilierte nach jeder Ziffer ein »Ja« durch den Hörer.

»Da hat das Computerchen Sie schon an der Angel. Was ist denn Ihr Anliegen?«

»Mein Anliegen? Ganz einfach. Ich hab hier ein Schreiben von Ihnen bekommen, und das kapier ich nicht.«

»Okay, ich schau mir das kurz an. Ein Momentchen. Oh, ich sehe gerade, hier ist eine Sicherheitsfrage hinterlegt. Ich darf Ihnen gar keine Auskunft zu Ihrem Vertrag geben. Ich weiß ja gar nicht, ob Sie wirklich der liebe Herr Otto Redenkämper aus dem zauberhaften Gelsenkirchen sind. Sie müssten mir bitte zunächst folgende Frage beantworten: Wie ist der Geburtsname Ihrer liebreizenden Gemahlin?«

Da wurde mir heiß und kalt. Was wollte der Schleimbolzen von meiner Wilma? »Was geht Sie der Geburtsname meiner Frau an, und woher wissen Sie überhaupt, dass die liebreizend ist? Sie sprechen mit einem waschechten Gelsenkirchener Zwölfender. Und der versteht keinen Spaß, wenn es um seine Frau geht!«

Ohne weiteren Kommentar schob mich der feine

Herr zurück in die Warteschleife. Was hat der auch mit meiner Wilma zu schaffen? So weit kommt das noch. Wieso bringen mich Callcenter immer dermaßen auf die Palme? Allein das Gedudel der Warteschleife macht mich schon verrückt. Ich nahm mir fest vor, bei der nächsten Runde freundlicher zu sein.

»Guten Tag, Herr Tretenlämper, mein Kollege hat mich schon über Ihre Schwierigkeiten mit der Sicherheitsfrage informiert. Ich gebe Ihnen ausnahmsweise so Auskunft und schicke Ihnen ein Formular zur Löschung der Sicherheitsfrage zu, damit da zukünftig keine Probleme mehr auftreten. Ich habe mir Ihren Fall angeschaut, und was das Schreiben von uns angeht, meiner Meinung nach brauchen Sie nichts weiter unternehmen. Das können Sie einfach zu Ihren Unterlagen nehmen. Haben Sie noch weitere Fragen?«

»Gute Frau, wenn Sie meiner Meinung nach sagen, sind Sie sich in Wahrheit doch selbst nicht sicher. Und in einem Jahr heißt es ›Menschenskinder, Herr Redenkämper, warum haben Sie nicht auf unser Schreiben reagiert?‹. Ich gebe Ihnen ein Beispiel. Angenommen bei mir in der Wohnung fällt nachts der Strom aus. Ich hab an dem Abend vier bis zwölf Pils getrunken und muss noch mal raus. Wenn ich dann nach dem Motto ›Meiner Meinung nach stehe ich jetzt genau vorm Klo‹ auf gut Glück im dunklen Badezimmer laufen lasse, und meine Meinung war verkehrt, gibt das ein böses Erwachen. Verstehen Sie?«

»Ja, Herr Römmelkamp, das verstehe ich schon. Ich kann da leider nichts weiter für Sie tun. Am besten, Sie wenden sich an Ihren persönlichen Berater vor Ort, bei dem Sie die Versicherung abgeschlossen haben. Der wird Ihnen sicherlich weiterhelfen.«

»Entschuldigen Sie bitte, aber ich bekomme hier langsam eine Halsschlagader wie ein Wasserbüffel in der Dürreperiode. Erst hänge ich stundenlang in der Warteschleife, danach gräbt Ihr Kollege meine Frau an, und jetzt soll ich mich an meinen Versicherungsvertreter wenden? Ich hab das Teil vor 37 Jahren bei Hans Mattuschecks Vater am Wohnzimmertisch in Gelsenkirchen-Bismarck abgeschlossen. Und Hans Mattuscheck senior liegt seit über zehn Jahren unter der Erde. Wenn Sie mich nicht mit Ihrer Telefonanlage direkt ins Himmelreich verbinden können, kommen wir hier nicht weiter. Aber wissen Sie was? Ich ruf einfach bei einer dieser Esoterik-Hotlines aus dem Fernsehen an, dann kläre ich das alles mit Hans Mattuscheck senior persönlich ab. Auf Wiederhören!«

Lecko mio, war ich in dem Moment geladen. Da hättest du mir bloß zwei Elektroplatten an die Halsschlagader klemmen brauchen, und ich hätte halb Gelsenkirchen mit Energie versorgt. Zur Beruhigung brauchte ich dringend ein kühles Pils. Ich stapfte in die Küche, riss den Kühlschrank auf, und beim Versuch, mir ein Pils zu schnappen, flogen mir die Reste von Wilmas Gemüselasagne vom Vortag entgegen.

»Was stellst du die Gemüsepampe hier so dämlich hin. Kann ja wohl nicht wahr sein! Ich brauch direkten Zugang zu meinem Pils!«

Wilma, die gerade am Küchentisch Böhnchen schnibbelte, guckte mich fragend an: »Was ist denn mit dir los? Schalke spielt doch heute gar nicht, was hat dich denn sonst so in Fahrt gebracht?«

Ich erzählte Wilma die Geschichte mit dem Callcenter, und sie schüttelte dabei bloß ihren Kopf.

»Weißt du eigentlich, dass die Anrufe zu Trainingszwecken aufzeichnen? Wenn du Pech hast, ist dein Gemopper für alle Zeiten ein fester Programmpunkt von deren Mitarbeiterschulung. Und wie kommst du überhaupt dazu, die Leute so blöd anzumachen? Ich hab dein Gepolter bis hier in die Küche gehört. Was sollte das überhaupt mit dem Zwölfender?«

»Du weißt doch, wenn ich in Rage bin, setz ich zum Freistilmoppern an. Und diese Callcenter machen mich immer ganz verrückt. Ewig hängst du in der Warteschleife, keiner weiß Bescheid, und am Ende bin ich so schlau wie vorher.«

»Von meiner Friseuse die Tochter, die arbeitet in einem Callcenter. Als Nebenjob neben dem Studium. Und die meinte, das wäre ein ziemlich hartes Brot. Den ganzen Tag Druck, immer musst du nett sein, immer die richtige Antwort parat haben, und zur Krönung wäre die Bezahlung wohl richtig schlecht.«

Da bekam ich ein ganz schlechtes Gewissen. Was

mochten die im Callcenter bloß von mir denken? Und das Drama war für alle Zeiten bei denen abgespeichert. Als ich mir vornahm, bei meinem nächsten Callcenter-Anruf so freundlich wie möglich zu sein, fiel mir ein letzter ungeöffneter Brief in meinem Postkörbchen auf.

Liebe Leute,
Dietmar macht die Biege. Ich verlasse unser geliebtes Gelsenkirchen und ziehe zu meiner neuen Flamme nach Spanien. Alles ist besser, als hier weiter ungehobelt rumzusitzen. Ich lad euch, meine lieben Kumpels, herzlich zur großen Abschiedsparty auf einen letzten Männerabend alter Schule ein. Ich freu mich. Wann, wo und wie steht weiter unten.

»Das ist ja heute!«, rief ich Wilma entgegen. »Hier, guck. Dietmar zieht nach Spanien. Heute steigt eine letzte große Männersause.«
»Ach je ...«
»Ich stell nichts an. Ehrenwort!«

GLÜCK AUF!

EUERN OTTO

BUENOS DIETMAR

KINNERS,

pünktlich wie die Eieruhren standen Erwin und ich bei Dietmar vor der Haustür. Das war aber auch eine Nummer mit Dietmar. Erst brennt seine Olle mit einem Kölner durch, und dann zieht er vor Schreck zu seiner angeblich großen Liebe nach Spanien. Erwin hatte die Lage längst durchschaut: »Das ist doch alles Scheibenkäse. Im Urlaub sind alle Ollen schön. Mit Sonnenstich und ein paar Pils in der Kube sieht alles und jede romantisch aus. Der wird sich noch wundern. Der nackte Alltag ist ein böser Geselle.«

Als wir die Wohnung betraten, begrüßte uns ein ratloser Dietmar, der sich nicht erklären konnte, warum sonst niemand gekommen war. Erwin meinte, das läg an der Einladung per Brief. Das wär letztes Jahrtausend.

»Ist ja auch egal, Hauptsache ihr seid da. Und drei ist ne Sause oder wie sagt man.«

»Wo hast du das denn her?«

»Keine Ahnung, drei ist eben ne Sause, fertig.«

»Was ein Tinnef. Dann sag ich, auf vier reimt sich Bier. Bring ma ein paar Pullen an den Start.«

Nachdem wir uns warm gelabert hatten, kamen wir bald auf des Dackels Kern. Dietmars Umzug. Dietmar erzählte uns, dass er zur Ablenkung nach seiner Scheidung öfter alleine in den Urlaub gefahren war. Und im letzten Sommer, als er sich auf Malle ein Käffchen bestellen wollte, wär es wohl passiert.

»Das müsst ihr euch wie im Kino vorstellen. Alles lief in Zeitlupe ab. Meine Blicke trafen sich mit den Blicken der Bedienung. Sie warf ihr Haar zurück, leckte sich über ihre Lippen und sagte mit ihrer rauchigen Stimme ›Ich seh doch auf zehn Meter, dass du aus dem Ruhrpott kommst. Willst du deinen Kaffee brutto oder netto?‹ Ich wusst gar nicht, was die von mir wollte, bis sie meinte ›Ja, brutto oder netto. Mit oder ohne Zucker?‹ Und bevor ich lange überlegen konnte, schoss es aus mir raus ›Den Kaffee ohne Zucker, aber mit dir‹.«

Ich war völlig perplex, so liefen diese Urlaubsflirts also ab, von denen ich schon oft gehört hatte.

»Woher wusste die denn auf Anhieb, dass du aus dem Ruhrpott kommst?«

»Ich glaub, das lag an meinem T-Shirt. Da stand ›I love Ruhrpott‹ drauf. Ab dem Tag hieß es nur noch ›I love Martina‹.«

Hauptsache Dietmar ließ sich nicht gleich wieder ein Tättoo stechen, ich sag nur Martina Forever.

»Nächstes Wochenende geht der Flieger. Bis dahin lass ich mich ordentlich durchimpfen, und dann heißt es Buenos Dietmar!«

»Wenn das läuft mit Martina, dann kommen wir alle Mann vorbei. Mit Malle hab ich noch ne Rechnung offen.«

Während Erwin über seine offene Rechnung palaverte, kamen mir ganz andere Gedanken. Für mich hörte sich das wie eine Auswanderergeschichte aus dem Fernsehen an. Zur Urlaubsliebe nach Malle in eine Butze, die du noch nie gesehen hast und wahrscheinlich kam Dietmar mit seinem Spanisch genau vom Sofa bis zur Mülltonne. Aber auf der anderen Seite, auf Malle brauchst du ja eh kein Spanisch können. Um die Auswanderergeschichte perfekt zu machen, wollen die beiden einen eigenen Kiosk auf Malle eröffnen. Wenigstens hat Dietmar seine Rente durch und was Kohle auf der Tasche, sonst hätt ich denen gleich ein Fernsehteam hinterhergeschickt. Da fiel mir auch wieder ein, wie ich mit Wilma auf Malle war. Zu unserem 30. Hochzeitstag hab ich ihr eine Reise geschenkt. Schön romantische Hotelanlage in Arenal gebucht und als erste Tat die Schalke-Fahne aus dem Fenster gehängt. Ich muss dabei sagen, der Urlaub ist mir ein bisschen aus den Fugen geraten. Ich bin einen Nachmittag mit meinem Schalke-Trikot am Ballermann lang spaziert, und eh ich mich versah, saß ich in so einer lustigen Truppe Schalker, die mich mit auf eine Ziehung genommen haben. Erst einen Tage später war ich zurück im Hotel und Wilma brastig bis nach Teneriffa. Als Wiedergutmachung bin ich mit ihr in so einem roten Bummelzug die Berge hochgefahren. Ich war noch so stramm, dass ich fast aus dem Ding rausgefallen wär.

»Ich geh ma kurz pinkeln. Bei dir ist ja Männerhaushalt, da darf ich wohl stehen bleiben, wa.«

»Sicher, Otto. Schon ma im Sitzen abgeschüttelt?«

»Ich sag dir eins, wenn du mit deiner Martina zusammenziehst, dann ist bald Hinsetzen angesagt. Das ist doch jetzt der neuste Schrei mit dieser komischen Hinsetzerei.«

»Was? Wo soll ich mich hinsetzen?«

»Warte kurz, ich bring eben das Pils weg, und dann erzähl ich dir ne kleine Geschichte. – Eines Tages stand ich mit dem Wischmopp in der Hand vor unserm Klo. Wilma hatte den Kanal bis oben voll von der Nachwischerei. Ich hatte sie mit einem Vorschlag zur Güte völlig aus der Fassung gebracht. Ich wollte einen Klovorleger kaufen, der dank seiner Saugkraft das Putzen von ganz allein erledigen würde. Wenn das Ding komplett versifft wär, käm das in die Tonne und für ein paar Euro würd ein neuer angeschafft. Das fand Wilma überhaupt nicht lustig. Ganz im Gegenteil, die Vorstellung eines vollgesogenen Toilettenfiffis bei uns im Bad ließ sie völlig aus der Haut fahren. Sie meinte, dann könne ich mich doch gleich in den Wohnzimmerteppich erleichtern, der hätte auch genug Saugkraft. Aber seit einer Zugfahrt von Gelsenkirchen nach Düsseldorf kam Hinsetzen für mich nicht mehr in Frage. Den Moment, als mein Gemächt Kontakt mit der viel zu kleinen Edelstahlschüssel der Zugtoilette aufnahm, werde ich nie vergessen. Vor lauter Verzweiflung hab ich mich stehend wie Turnvater Otto in der Sanitärausstellung im wackelnden Zug erleichtert. Meine Schuhe hab ich noch am gleichen Tag weggeschmissen. Also ging ich das Problem in den heimischen vier Wänden anders an und organisierte das beste Wischsystem, das ich auftreiben konnte. Das steht jetzt bei uns im Badezimmer, und jeden Abend wische ich damit einmal feucht durch.«

»Menschenskinder, du haust immer Sachen raus. Aber da bist du bei mir an der falschen Adresse. Ich steh und putz immer sofort nach. Überleg ma, was da für Keime im Bad rumschwirren. Lebensgefährlich sag ich dir.«

»Dr. Dietmar am Wischmopp, das möcht ich gern ma sehen, wie du da abgehst.«

Als Dietmar unser Angebot, seine Wohnung leer zu räumen, ablehnte, kam mir plötzlich der Stein der Weisen: »Sag ma, Dietmar, wer zieht denn hier überhaupt ein, wenn du weg bist?«

»Keine Ahnung. Das regelt der Vermieter.«

»Leckt mich anne Hose, die Wohnung hier wär doch optimal für Jupp und Rita!«

Ich war total aufgeregt. Hatten wir da wirklich die Lösung für Jupps Wohnungsproblem gefunden? Ein paar Minuten später hatte Dietmar mit seinem Vermieter, der zu unserem Glück ein guter Kumpel von ihm war, gesprochen und ihm Jupp als Nachmieter vorgeschlagen. Der Vermieter wollte nächste Tage bei Jupp im Kiosk vorbeischauen und gucken, wie die beiden miteinander klarkämen.

»Dietmar, da hast du wirklich ne gute Tat getan mit deiner Auswanderung. Also ich mein, deine Auswanderung ist für alle ein Glücksfall. Ach egal, du weißt ja, was ich meine. Du hast auf jeden Fall einen gut bei uns.«

Als draußen die ersten Vögel zu zwitschern anfingen, klopften Erwin und ich uns die Erdnussreste von den Buxen und verabschiedeten uns von Dietmar. »Wir wünschen dir alles Gute für dein Unterfangen auf Malle. Grüß die Martina von uns, und wenn du Sehnsucht nach unserm Ruhrpott hast, hier ist immer ein Bett für dich frei.«

»Ach, es war wirklich ne schöne Zeit mit euch. Ihr werdet mir fehlen. Und jetzt lasst euch zum Abschied feste drücken.«

Ich war mir nicht sicher, ob Dietmars Unterfangen gut gehen würde. Im Alter mit einem neuen Fräuken zusammenziehen, da brauchst du Nerven aus Stahl. Wenn ich jetzt mit einer anderen Ollen als meiner Wilma zusammenziehen müsste, das würd voll in die Buxe gehen. Die hat sich in den letzten Jahrzehnten an meine Eigenheiten gewöhnt und zuckt nicht mal mehr, wenn ich eine vergammelte Erdnuss in der Sofaritze finde und fröhlich mampfe. Genau das sind die Kleinigkeiten, auf die Beziehungen gebaut sind, wenn die Romantik flöten gegangen ist. Essensfunde in der Sofaritze.

SUERTE... ÄH... ICH MEIN GLÜCK AUF!

EUERN OTTO

KINNERS,

als ich mich am nächsten Tag gerade ins Fenster hängen wollte, kam Erwin die Straße hoch: »Tach! Schon aufm Posten?«

»Jau. Ich muss doch dieses verdammte Bocksprung-Blag zu fassen kriegen. Das Blag will mir einfach nicht mehr unter die Augen kommen.«

»Kein Wunder. Auffälliger geht es kaum, da würd ich als Blag auch nicht an dir vorbeiflanieren. Setz dich doch in ne Mülltonne. Vorne zwei Gucklöcher rein und das Blag ist dein. Hat sich das jetzt gereimt?«

»Sehr witzig, Erwin.«

»Gönn Wilmas Kissen mal ne Pause und beweg deine Unterarme mit mir in den Kiosk. Jupp von unserem Wohnungsdeal erzählen.«

»Ja, warte, ich pack den Bollerwagen mit Pfandflaschen voll, und wir können los.«

»Gisela Schätzken, was bist du denn schon so früh am Tag auf den Beinen? Normalerweise kommst du doch vor 14 Uhr gar nicht hinter der Gardine vor?«

Gisela gehörte zur Kiosk-Stammbesatzung. Mitte

fünfzig und voll auf Erwerbsminderungsrente oder wie man bei uns sagt »Die is kaputt geschrieben«.

Gisela hielt sich an ihrem Kaffeebecher fest und schaute mich aus verheulten Augen an: »War beim Tierarzt.«

»Gisela, meinst du nicht, du wärst bei einem normalen Doktor besser aufgehoben?«

»War wegen meinem Piepmatz Julius!«

»Und wo ist der jetzt?« Gisela zeigte auf einen Schuhkarton neben ihren Füßen.

»Oh. Was hat er denn gehabt?«

»Rauchvergiftung.«

»Wie hast du das denn hinbekommen?«

»Käfig stand bei mir in der Küche. Gestern sind die Frikadellen angebrannt. Hab das zu spät gemerkt. Ganze Küche voll Rauch. Julius regungslos am Boden. Ab mit ihm auf den Balkon. Da ging es wieder. Heute Morgen schon wieder am Boden. Also zum Tierarzt. Der meinte, nichts als Quälerei.«

»Mein Beileid, Gisela. Komm ma wacker zu Opa und lass dich drücken.«

Als ich Gisela in die Arme nahm, kam eine Mischung aus Schluchzen und Knurren aus ihrer Kehle. Zeit, dass ich die Dinge in die Hand nahm.

Ein paar Minuten später standen Erwin, Jupp und ich in Jupps Hinterhof und übergaben Giselas Schuhkarton mitsamt Julius sterblichen Überresten der Feuertonne. Anschließend packten wir die übrig gebliebene Asche in ein leeres Marmeladenglas und übergaben sie Gisela. Da taute sie mit einem Mal auf und begann, wieder in ganzen Sätzen zu reden: »Dank euch. Das war wirklich ne gute Tat. Sonst wär ich noch wochenlang mit dem toten Julius durch die Gegend gelaufen. Ich werd ihm eine römische Urne töpfern und wenn das Wetter wieder besser ist, verstreu ich ihn in der Natur.«

»Warum hieß der Vogel überhaupt Julius?«

»Weil er immer so stolz auf seiner Stange gesessen hat, wie Cäsar auf seinem Pferd. Vielleicht bring ich seine Asche auch nach Rom und verstreue sie dort, mitten im Vattikan.«

»Vatti kann, Mutti will nicht, wa.«

Erwin kam langsam in Fahrt.

Gisela dackelte bald nach Hause und wir kamen endlich dazu, Jupp von unserem Wohnungsdeal zu erzählen. »So, Jupp, hol einen feinen Tropfen aus dem Regal und mach uns drei Becher fertig. Es gibt gute Neuigkeiten.«

Als wir die drei Becher edlen Doppelkorn vor uns stehen hatten, überließ ich Erwin das Wort.

»Ich mach es kurz.«

»Ganz was Neues, Erwin, ne, ganz was Neues.«

»Wir haben eine Wohnung für Rita und dich. Geht der Plan auf, ziehst du Ende des Monats ein.«

»Wie? Wohnung für uns? Legal oder habt ihr da ne krumme Sache am Laufen, ihr habt da was am Laufen, ne?«

Wir erklärten Jupp die Sache mit Dietmars Wohnung und dass er bald einen Besuch von seinem neuen Vermieter bekommen würde. Kämen die beiden miteinander klar, wär die Sache in trockenen Windeln.

»Endlich ne gute Nachricht! Vielen Dank Männers. Aber was wird aus meinem Kiosk? Ich mein, aus meinem Kiosk?«

»So weit sind wir noch nicht. Aber wir bleiben knallhart dran. Es bleibt ja noch was Zeit, bis deine Mieterhöhungen greifen. Also mach dir keinen Kopp, klär das mit Dietmars Vermieter, und dann sehen wir weiter. Vielleicht weiß der ja sogar noch was für deinen Kiosk.«

Dafür, dass wir Jupp eine neue Wohnung auf dem Silbertablett serviert hatten, war seine Freude nicht wirklich groß. Aber der Kiosk war nun mal sein Leben und so lange der keine neue Heimat hatte, blieb Jupps Freude auf Zimmertemperatur. Aber noch kontrollierten Erwin und ich den Heizungsregler und langsam aber sicher wurde es wärmer.

Als ich es mir zu Hause zum zweiten Mal an diesem Tag im Fenster bequem machen wollte, klingelte das Telefon: »Du musst sofort vorbeikommen. Ich hab Schlamassel geordert.«

»Erwin, ganz ruhig. Ich hab dich doch erst vor einer Stunde aus den Augen gelassen. Was kannst du denn in der kurzen Zeit verbockt haben?«

»Hab ein Bild ins Internet gedonnert.«

»Macht doch nichts. Da sind Millionen Bilder drin, da fällt dein Bild gar nicht auf.«

»Ich hab da aber nichts an.«

»Bleib wo du bist, ich komm vorbei.«

Bei sich zu Hause hat mir Erwin die ganze Geschichte erzählt. Sein neuer Laptop mit eingebauter Kamera war ihm zum Verhängnis geworden. In so einem sozialen Netzwerk hatte er wohl auf »Profilbild hinzufügen« geklickt und irgendwie muss sich die Kamera aktiviert und ein Foto von ihm geschossen haben. Das wurde automatisch als sein Erkennungsbild eingefügt. Als alter Junggeselle lässt Erwin seine Wäsche so lange liegen, bis auch die letzte Buxe dreckig ist. Dann packt er alles auf einmal in die Waschmaschine und läuft einfach nackt durch seine Bude. Genau da kam er auf die Idee, sich um sein Profilbild zu kümmern.

»Ich hab sofort alle Stecker rausgezogen. Vielleicht ist das Bild gar nicht richtig im Internet angekommen?«

»Mensch, Erwin, nur weil du alle Stecker aus der Wand rupfst, bleibt doch das Internet nicht stehen. Ich kenn mich ein bisschen aus mit der Geschichte, mein Enkel hat mir da ein paar Sachen erklärt. Lass mich ma ran.«

Fünf Minuten später war der Fall gelöst. Ich hatte mich als Erwin angemeldet, das Profilbild gelöscht und alles war wie vorher.

»Guck hier, du hast ein paar neue Direktnachrichten bekommen. Soll ich die aufmachen?«

»Klar.«

»Ich geh kaputt. Dir haben ein paar Tanten geschrieben, die total auf dein Nacktbild abfahren. Zwei von denen wollen sich sogar mit dir treffen. Aber ma ganz im Vertrauen, was glaubst du, von welcher Güteklasse Tanten sind, die sich wegen eines Nacktfotos mit einem fremden Kerl treffen wollen?«

»Das ist mir egal. Mir kommt es einzig und allein auf die Güteklasse von deren Willigkeit an. Obwohl, eigentlich hab ich das gar nicht nötig. Ich bin doch der Supermarktflirtkaiser von China.«

»Was ist los?«

Und dann fing Erwin an, mir seine liebste Flirt-Strategie zu erzählen: »Große Supermärkte sind das Flirtrevier Numero Uno. Wie ein Puma in der Karibik lieg ich da auf der Lauer. Ich hab meine ganz eigene Strategie entwickelt. Ich schnapp mir einen Einkaufswagen und lege eine Salatgurke, eine Dose Vaseline, ne Packung Windeln und einen XXL-Schlüpper im Leopardenmuster in den Wagen. Frauen achten immer genau drauf, was bei dir im Einkaufswagen liegt. Das ist wie in der Wildnis. Mit der richtigen Produktwahl sendest du ein romantisierendes Aroma-Signal aus. Meine Kombination ist von langer Hand getestet und macht die Frauen auf einen Schlag willenlos.«

»Bist du ne Runde in deiner Waschmaschine mitgefahren? Ich kapier überhaupt nicht mehr, was du da faselst. Für mich sieht deine Produktkombi mehr aus, als ob du ein Triebtäter auf Freigang wärst. Wie sollen Frauen denn da willenlos werden?«

»Genau da liegt der Kasus Kaktus begraben. Du als Mann hast von Geburt an ein größeres Hirn als ne Frau. Du siehst die Produktkombi im Zusammenhang. Die Frau an sich kann aber immer nur ein Teil gleichzeitig in ihrer Birne verarbeiten. Und was sieht die Frau dann genau in meinem Wagen? Erst mal die Vaseline, die dient als Zeichen dafür, dass ich meinen Körper pflege und geschmeidig halte. Dann die Salatgurke, die steht für gesunde Ernährung. Die Windeln sind ein Hinweis auf meine Fürsorgekompatibilitäten. Als Opa bin ich mir nicht zu schade, Windeln für meine Enkel zu besorgen. Und der XXL-Schlüpper im Leopardenmuster zeigt an, dass bei mir im Keller noch Licht brennt und alles gut ausgebaut ist. Da bist du platt, was?«

Erwins Psychologisierungskünste machten mich sprachlos. Das erklärte auch seinen Vorrat an Windeln in der Abstellkammer und warum er Wilma jedes Mal, wenn er bei uns vorbeikam, eine Tüte Salatgurken mitbrachte. Durch Erwins Gelaber hatte ich völlig die Zeit vergessen: »Verdorri, ich soll Wilma noch Nektarinen mitbringen. Die ist total versessen auf die Dinger. Ich hab die Teile gestern schon vergessen, heute muss ich liefern, sonst gibt's Stunk.«

Zu Erwins Sicherheit habe ich noch schnell die beiden Direktnachrichten von den willenlosen Tanten gelöscht und bin rüber in den Supermarkt geflitzt. Bevor ich mich um Wilmas Nektarinen kümmern konnte, dachte ich aber erst mal an mich selbst. Ich legte ein Stück Kernseife, eine Flasche Doppelkorn und eine Dose Bockwürstchen in den Wagen. Als ich an der Wursttheke noch ein Stück grobe Leberwurst bestellen wollte, sprach mich die Frau hinter mir in der Schlange an: »Entschuldigen Sie, ich schaue schon die ganze Zeit in Ihren Einkaufswagen.« Das konnte nicht wahr sein, hatte Erwin recht gehabt mit seiner Strategie? Aber was sah die Frau in Kernseife, Bockwürstchen und Doppelkorn? »Alles sehr verführerisch, oder? Gleich kaufe ich noch einen XXL-Schlüpfer in Leopardenmuster, wenn Sie verstehen, was ich meine.«

Die Frau schaute mich verwirrt an.

»Schön für Sie. Aber mir geht es mehr um die Kernseife. Ich arbeite in einer Hautarztpraxis. Und bei der extrem trockenen Haut, die ich an Ihrem Hals und auf den Armen erkennen kann, würde ich Ihnen von so einer Feuchtigkeit entziehenden Seife stark abraten.«

Was eine Blamage. Zum Glück war ich genau in dem Moment an der Reihe, gab meine Wurstbestellung auf und verschwand danach geschmeidig wie ein Chamäleon zwischen den Regalen. Um weitere Peinlichkeiten zu vermeiden, ließ ich den Einkaufskorb einfach im Laden stehen. Meine volle Konzentration galt jetzt

Wilmas Nektarinen. Die Obstabteilungen in so großen Supermärkten sehen ja bald aus wie auf einem arabischen Basar. Da bekommst du von der südchinesischen Schmandbanane über malaysische Pavianäpfel bis zur Algentomate grob gesagt alles, wo schon mal jemand reingebissen hat ohne davon abzunippeln. Ich rief mir meinen Nektarinenmerker wieder ins Gedächtnis: Nektarinen sind die Dinger, die aussehen wie Pfirsiche, wo sich die Pelle aber nicht so hart anfühlt. Und auf die passende Weichheit sollte ich noch achten. Hieß für mich, alles was in meiner Hand zermatschte, blieb im Laden. Der Rest ging ab in die Tüte. Abwiegen brauchst du ja heutzutage gar nicht mehr, das können die alles an diesen neuen Wunderkassen machen.

Und da saß mein Schätzken Frau Özdag. Die kenn ich schon seit ihrer Ausbildung und die hat immer einen flotten Spruch für mich auf Lager: »Na, Herr Redenkämper, heute mal was Gesundes oder legen sie die Nektarinen zu Hause in Schnaps ein?«

»Frau Özdag, wo denken Sie hin. Ich bin heute als perfekter Ehemann unterwegs. Das Obst ist für meine Frau, ich trau diesem ganzen gesunden Zeug ja nicht.«

»Das macht dann 7,49 Euro.«

Da wäre ich fast vom Glauben abgefallen.

»Liebe Frau Özdag, jetzt tun Sie mir bitte einen Gefallen. Sie wollen mir nicht im Ernst erzählen, dass die paar Dinger über sieben Euro kosten sollen? Da muss was mit Ihrer Waage nicht in Ordnung sein. Haben Sie da vielleicht noch Ihre eigenen Pampelmusen mit drauf gelegt?«

»Herr Redenkämper, Sie kleiner Scherzbold. Das ist schon alles korrekt mit den 7,49 Euro. Sie haben weiße Nektarinen aus Frankreich eingepackt und die kosten 4,99 Euro das Kilo.«

»Weiße Nektarinen aus Frankreich? Sind die mit Champagner gefüllt? Letzte Woche hab ich die doppelte Menge Nektarinen für 1,99 Euro gekauft. In was für einer Welt leben wir denn, wo du eine Buxe für 2,99 kaufen kannst, aber für die paar Nektarinen ein halbes Vermögen hinlegst?!«

Und was hat der perfekte Ehemann Otto Redenkämper da gemacht? Ich hätte in den Laden zurücklaufen und die weißen Nektarinen gegen Dosenpfirsiche für 99 Cent eintauschen können. Aber als Ehemann habe ich mit den Jahren eine Sache gelernt. Wenn es eng wird, gibt es nur einen Weg. Klappe halten und Patte aufmachen.

Also habe ich die weißen Nektarinen bezahlt, meiner Wilma zu Hause die Dinger als die liebste Frucht der Schönen und Reichen aus Südfrankreich angepriesen und ihr die Teile als Beweis meiner ewigen Liebe höchstpersönlich in den Quark geschnibbelt. Aber eins steht für mich nach der Nummer fest. Nächsten Sommer pflanze ich in meinem Schrebergarten einen Nektarinenbaum oder woran auch immer die Dinger wachsen. Das Teufelszeug ist eine reine Goldgrube, und ich als alter Bergmann weiß genau, was in so einem Fall zu tun ist.

ABER VORHER HEISST ES UNTER TAGE GLÜCK AUF!

EUERN OTTO

SCHMIERPHONE

KINNERS,

es gibt kaum was, das mich so auf Temperatur bringt wie die vermaledeite Technik: »Das kann doch nicht wahr sein, mein Handy hat schon wieder keinen Saft mehr. Ich hab das doch gestern Abend noch aufgeladen! Ich bin kurz in die Zitty zu Bülent sein Elektroladen. Der muss mir ma sagen, was da los ist.«

Ich machte mich auf den Weg zu Bülents Laden und wunderte mich, als ich auf einmal vor einem großen Baugerüst stand. Bülents Laden war verschwunden. Das Haus, in dem sich der Laden bis vor ein paar Wochen noch befunden hatte, war eine riesige Baustelle. Ist hier bald nichts mehr, wo es war? Erst der Schlamassel mit Jupp und jetzt das hier. Als ich mich genauer umschaute, sah ich ein Schild am Bauzaun hängen:

ZU BÜLENTS LADEN RECHTS AM BAUZAUN LANG UND DANN DIE ERSTE LINKS

Ich taperte den Bauzaun lang, grüßte ein paar Bauarbeiter, die mir ein »Geiler Heimsieg gestern, oder?«

zuriefen und stand bald auf einem Schotterplatz. Da sah ich einen Baucontainer im hintersten Winkel stehen. Als ich näher darauf zulief, erkannte ich das Schild »Bülents Elektrouniversum«.

»Mensch Bülent, wo bist du denn hier gelandet? Ich lauf mir hier schon Blasen auf die Hühneraugen.«

»Grüß dich, Otto. Warst du noch gar nicht in meinem neuen Heim? Das Haus mit meinem Laden drin wird komplett saniert und so lange die Bauarbeiten andauern, wurde ich in den Container hier ausgelagert. Das ist eigentlich ein top Ding. Muckelig warm, eigene Nasszelle und hinten ist noch ein abgetrennter Bereich mit einer kleinen Kochzeile. Ich hätte sogar noch einen zweiten Container dran bauen lassen können, als Lagerraum. Aber den hätte ich selbst bezahlen müssen. Den Container hier hat mir mein Vermieter kostenlos zur Verfügung gestellt. Und solang mein Laden umgebaut wird, brauch ich keine Miete zahlen. Das ist ne faire Sache, find ich.«

»Jau, das ist wirklich ein guter Deal. Scheint ja doch noch vernünftige Vermieter in Gelsenkirchen zu geben. Wenn ich das mit Jupps Drama vergleich. Aber warum ich eigentlich hier bin. Mein Handy ist andauernd leer. Ich brauch das bloß angucken, schon weicht dem sämtliche Energie aus dem Gehäuse.«

»Holla die Waldfee! Was ist das denn für ein alter Knochen? Hast du den noch in Mark bezahlt?«

»Das hab ich damals noch bei deinem Vater gekauft.

Da hieß die Bude hier noch ›Mustafas Elektrouniversum‹ und all das Zeug, was du hier rumstehen hast, war noch gar nicht erfunden. Du bist hier immer als Blag durch den Laden gefegt und hast die Kunden mit deiner Spielzeugpistole bedroht, weißt du das noch?«

»Sicher und keiner ist schöner von meinen Schüssen gestorben wie du. Aber ich kann dir sagen, was mit deinem Handy los ist. Der Akku ist ein für alle Mal hinüber.«

»Dann bau mir doch einfach einen neuen ein und das Thema ist durch.«

»Einen neuen Akku? Wo soll ich den denn herbekommen, aus dem Antiquitätenladen? Die Dinger bekommst du heute nicht mehr oder nur von ganz dubiosen Anbietern. Da ist die Wahrscheinlichkeit höher, dass dir das Handy um die Ohren fliegt, als dass der Akku läuft. Du brauchst ein neues Handy. Wir wär es denn mit einem Smartphone?«

»Hau mir ab mit diesen schmierigen Dingern!«

»Wieso denn schmierig?«

»Ganz einfach. Mein Enkel war letzte Tage bei uns. Der hat so einen Scheibencomputer, Tablett oder was, und das hat er mir in die Finger gegeben. So schnell wie ich das Ding mit Leberwurst vollgeschmiert hatte, konntest du gar nicht gucken. Dabei wollt ich bloß in der einen Hand mein Brötchen halten und mit der anderen ein bisschen im Internet gucken. An meinem Computer kann ich so viel Leberwurst wie ich will in die Tastatur schmieren und behalt trotzdem klare Sicht. Und auch sonst war das nichts für mich, bis ich mit den Fingern die richtigen Stellen getroffen hatte, da musst du ja vorher zur Maniküre gehen, damit du das hinbekommst.«

»Wenn das so aussieht, würd ich doch gleich zu einem Seniorenhandy übergehen, die haben extra große Tasten und ein großes Display.«

»Ich geb dir gleich Seniorenhandy! Da kannst du mir in zehn Jahren mit ums Eck kommen. Bis dahin steh ich noch mit beiden Pantoffeln im Leben. Zeig ma her so ein Schmierphone.«

Ich hab dann ein bisschen mit dem Schmierphone rumgefummelt, und so schwierig war das gar nicht. Ich wollte damit ja auch nicht viel machen, außer Telefonieren. Aber auf die Schnelle wusste ich auch nicht, worauf man bei solchen Dingern achten muss. Ohne einen Tipp von meinem Enkel wollt ich dafür keinen schmalen Euro anlegen: »Ich lass mir das mit dem Smartphone durch den Kopp gehen. Aber von jetzt auf gleich kauf ich das nicht. Hast du für den Übergang nicht noch irgendein billiges Handy hier rumfliegen?«

»Ich hab ne Idee. Ich geb dir jetzt ein Handy mit, das so ähnlich zu bedienen ist wie das, was du bisher hattest. Dann überlegst du dir das mit dem Smartphone, und wenn du wirklich eins kaufen willst, nehm ich das Handy hier zurück und verrechne das miteinander. Ist das ein Angebot?«

»Bülent, das Geschäftemachen hast du von deinem Vater gelernt. Das ist ne astreine Lösung. Du weißt doch, als Rentner kannst du nicht einfach was kaufen, du musst dich vorher schlau machen, dich umhören, fachsimpeln und so weiter. Das ist Teil meines Jobs als bester ehrenamtlicher Warentester weit und breit. Manch ein Rentner hat schon sein Leben lassen müssen, um die Bevölkerung vor wackeligen Aluleitern aus Asien zu schützen. Problem ist nur, du musst immer am Ball bleiben, sonst zeigt dir Mutter Technik ganz schnell die Rücklichter.«

»Das stimmt, das geht alles immer schneller. Früher gab es noch VHS und Musikkassetten und heute gibt es nur noch Daten, die du überall abspielen kannst. Und morgen schiebst du dir wahrscheinlich einen Chip ins Ohr, setzt dir ne Computerbrille auf die Nase und bist mit allem verbunden.«

»Ich sag dir eins, Bülent, was heute dieser ganze Smartphone- und Tablett-Schnickschnack, das waren früher Brotschneidemaschinen.«

»Was?«

»Ja, es gibt doch immer eine Sache, die alle haben müssen. Heute ist das dieser technische Firlefanz, früher war es die elektrische Brotschneidemaschine. Ich weiß gar nicht mehr genau, wann das war, irgendwann in den Siebzigern oder Achtzigern hat mich Wilma total verrückt damit gemacht. Alle bei ihr im Kegelverein hätten schon so eine Maschine, nur wir nicht. Die könnten ihren Männern immer exakt gleich geschnittene Butterbrote mit auf Schicht geben. Nur sie müsste noch von Hand schneiden und so weiter. Auf jeden Fall hab ich dann so ein Teil geholt, schweineteuer war das. Dazu noch ein paar Schneideblätter für Salami, Käse und was weiß ich. Und was soll ich dir sagen? Nachdem alle Verwandten, Freunde und Bekannten von Wilma einmal bei uns in der Wohnung zu einer Brotzeit eingeladen waren, stand das Ding dumm in der Ecke rum. Wilma meinte, das Gerät ans Laufen zu kriegen wär für zwei Personen zu viel Aufwand. Das Einstellen und Saubermachen der Maschine würde genauso lange dauern, wie sonst ihr gesamter Abwasch. Später hab ich das Ding meiner Schwiegermutter zu Weihnachten geschenkt, und dann verliert sich die Spur. Wenn du das mit heute vergleichst, war das mit der Technik früher eine andere Welt.«

»Ja, das kommt alles durchs Internet.«

»Ich weiß noch, ganz am Anfang, als das Internet neu war, da hieß es immer ›Geh ma raus aus dem Internet, ich muss telefonieren‹.«

»Das hab ich aber auch noch erlebt. Früher stand hier vorne ums Eck noch ne Telefonzelle. Wenn ich heut einen zur Telefonzelle gehen seh, denk ich sofort, der hat ne krumme Sache laufen.«

»Damals wurden die Blagen in den Ferien morgens aus dem Haus geschickt und waren bis abends draußen unterwegs. Ohne Handy und doppelten Boden. Heute rückt gleich der Bundesgrenzschutz aus, wenn ein Blag mal drei Stunden vom Erdboden verschwunden ist.«

»Ja, früher, Otto, früher, da war alles besser. Das musst du als Rentner ja auch sagen. Aber ich geb dir recht. Früher war zwar nicht alles besser, aber irgendwie anders, übersichtlicher oder gemütlicher.«

Das ist wirklich ein feines Teil, dieser Container. Schön warm und da war fast mehr Platz als in Jupps Kiosk, dacht ich, als ich nach Hause taperte. »Jupps Kiosk! Das ist die Lösung!«, rief ich und lief zurück zu Bülents Container. Ich schaute mir das Ding genauer an und entdeckte an der Rückseite ein großes Werbeschild.

> **WICHOWSKI BAU!**
> **WIR BAUEN HOCH,**
> **TIEF UND WEIT.**

Zu Hause suchte ich die Adresse der Baufirma im Internet und griff zum Telefon. Ich ließ ein unverbindliches Angebot für Jupp zusammenstellen und bekam den Hinweis, dass man für so einen Container eine Genehmigung vom Bauamt bräuchte. Jetzt musste ich auch noch überlegen, wie das mit einem Grundstück und der Genehmigung aussah. Was ein Spektakel.

»Kommst du? Mittagessen steht auf dem Tisch.«

Wilmas Ruf riss mich aus meinen Gedanken, und ich gönnte mir eine doppelte Portion Hackbraten im Speckmantel und ein Schüsselchen Stippmilch mit Pumpernickel zum Nachtisch.

»Wilma, heute hast du mindestens drei Sterne verdient. Das war so lecker, ich bin im siebten Gourmethimmel. Soll ich dir beim Spülen helfen?«

»Hast du heute noch was vor? Dann schnapp dir mal das Trockentuch und leg los.«

Als ich Wilma mit dem Spültuch neckisch auf ihren Hintern schlug, legte *sie* dann los.

Aber, Kinners, das ist eine ganz andere Geschichte.

GLÜCK AUF!

EUERN OTTO

KAPPER JOE

KINNERS,

als gepflegter, älterer Herr, der ich nun mal bin, gehört der monatliche Friseurbesuch für mich zum Pflichtprogramm. Bei uns im Ruhrpott wird die Tradition des klassischen Herrenfriseurs noch in Ehren gehalten. Hier gibt es Salons, die strahlen so viel Männlichkeit aus, da kannst du als Frau schon im Vorbeigehen schwanger werden. Der Salon meines Vertrauens heißt »Kapper Joe«. Joe heißt eigentlich Joachim und führt den Laden in vierter Generation. Die fünfte Generation ist auch schon am Start. Joachim junior kümmert sich um die jungen Frisuren der Generation 50 plus, während sein Vater alles beschnibbelt, was die Rente durch hat. Ich wollte mir wie immer eine »OweHiwe«-Frisur verpassen lassen. Oben wenig, hinten wenig.

»Otto, alten Strategen, bei dir alles wie immer?«

»Jau.«

»Geht klar.«

Nach diesem Einstieg stellt sich bei jedem Friseurbesuch die gleiche Frage. Willst du labern oder nicht? Willst du nicht labern, hältst du die Klappe, und der Friseurmeister verrichtet seine Arbeit in kompletter

Stille. Diese Art von Schweigen beherrschen wohl nur Männer. Ich bin mit meinem Kumpel Erwin 1993 mit dem Auto nach München gefahren. Acht Stunden haben wir gebraucht, und während der gesamten Fahrt haben wir keine zwanzig Wörter gesprochen. »Los. Hunger. Jau. Lecker. Pinkeln. Stau.« – »Schweinetransporter umgekippt. Scheiß Discomucke. Damals Schalke – Bayern 6:6. Wach auf. Sind da.« Der Rest war wohliges Männerschweigen. Hätte meine Wilma neben mir gesessen, wären die zwanzig Wörter schon bei uns in der Einfahrt von ihr verballert worden. Wenn du aber Lust auf Laberei hast, reicht ein Wort, und der Friseur macht seinem Ruf alle Ehre. Ich war an diesem Tag in Plauderlaune und eröffnete mit einem dahin geworfenen: »Und?«

»Otto, du glaubst nicht, was mir gestern passiert ist.«

»Sag an.«

»Ich war gestern im Kino und vorher wollt ich mir noch lecker was zu futtern kaufen. Und so ein kühles Pils in der Magenrinde hat auch noch keinen Film schlechter gemacht. Da sah ich aus dem Augenwinkel, wie hinten am geschlossenen Teil vom Verkaufstresen ein Typ in unserem Alter in der Dunkelheit stand. Dachte, dem wär das alles zu wuselig und der wollte kurz durchschnaufen, bevor er mit seinen Enkeln ins Kino muss.«

»Sympathisches Kerlchen, oder?«

»Jau, das habe ich auch gedacht. Aber als ich am

Fressalienstand an der Reihe war, kam der Typ wie ein angestochener Büffel aus seiner Dunkelkammer geschossen, schubste mich zur Seite und bölkte das junge Mädel hinterm Verkaufstresen an. ›Ich steh jetzt schon zwanzig Minuten da hinten am Tresen und keine Sau bedient mich. Was ist das denn hier für ein Saftladen?‹ Und das Mädel: ›Entschuldigung, aber Sie sehen doch, die Theke dahinten ist geschlossen. Da stand doch sonst keiner außer Ihnen.‹ Da setzte es bei dem Kerl völlig aus, und er bölkte wie von allen sieben Geißlein verlassen. ›Ihr wollt mich wohl verarschen! Wenn da geschlossen ist, gehört da ein ordentliches Geschlossen-Schild hin. Gib mir sofort die Nummer vom Geschäftsführer und deinen Namen, und ich sorge dafür, dass du hier nicht mehr auflaufen wirst.‹ Das arme Mädel hatte Tränen in den Augen und entschuldigte sich in einer Tour, als sich die Kartenabreißerin in Bewegung setzte. Eine Pottgranate, wie sie im Buche steht. Ordentliche Hupen, Halsschlagader am Pumpen bis nach Meppen, und aus der Buxe blinkte ein amtliches Arschgeweih. Ich dacht nur ›Opa, halt deine Dritten fest, das gibt Westwind‹.«

»Au weia, Joe, mit Pottgranaten ist nicht zu spaßen. Die hat dem bestimmt die Fontanelle neu asphaltiert, oder?«

»Das kannst du wohl laut sagen. Wie ein Stier auf Nudistenjagd ist die Olle auf den losgegangen. ›Sag ma, Opa, feierst du Kirmes im Kleinhirn oder was? Wie kommst du dazu, meine Kollegin abzubügeln. Jeder hirnamputierte Goldfisch sieht doch, dass der Tresen wo du dich aufgebahrt hast, geschlossen ist. Außer dir Nachtschattengewächs war doch da weit und breit kein Mensch zu sehen. Ich sag dir eins, wenn du jetzt noch einen Mucks von dir gibst, zieh ich dich einmal quer durch die Popcornmaschine. Kapiert?‹ Ich dacht erst, der Opa kriegt vor Ort einen Herzkasper, aber was macht der? Öffnet seinen Mund, um zum Konter anzusetzen. Ich konnte ihn gerade noch davon abhalten. ›Lass gut sein. Sag lieber nichts mehr. Geh einfach nach Hause, setz dich aufs Sofa, und mach dir ne Dose Erbsen mit Möhren zur Beruhigung auf. Wenn du jetzt noch ein Wort sagst, frisst dich die Olle mit Haut und Haaren auf.‹ Wie ein bedröppelter Lurch hat er seine Enkel zusammengesucht und ist aus dem Kino geschlichen. Ich frag dich, Otto, wo, wenn nicht bei uns im Ruhrpott, kann ne grob geschätzt 25-jährige Olle einen über Siebzigjährigen so was von einstielen, dass der nicht mehr weiß wo oben und unten ist?«

»Das weiß doch jeder. Wenn du dich mit einer Pottgranate anlegst, kannst du nur verlieren. Aber eins muss ich dabei sagen, ne waschechte Pottgranate hat ihr Herz immer am rechten Fleck. Deshalb krieg ich auch immer die Krise, wenn ich diese komischen Doku-Soaps seh. Wie da unser Ruhrpott rüberkommt ist unter aller Kanone. Als wenn wir uns hier alle den ganzen Tag über gegenseitig anbölken. Wenn es nötig ist, wird Tacheles geredet, genau wie bei der Nummer im Kino. Besser so, als nach außen hin einen auf gute Freunde machen und hintenrum über einen abziehen.«

»Weise Worte. Aber Stichwort Herz am rechten Fleck. Ich hab gehört, ihr habt Jupp ne neue Bude besorgt?«

»Exakt, fehlt nur noch ein passendes Gelände.«

»Ich hab da ne Idee. Mein Neffe ist Prokurist bei dem Gebrauchtwagenhändler hier ums Eck. Die haben da einen riesigen Schotterplatz. Vielleicht können die Jupp unterbringen. Die Jungs würden sich bestimmt freuen, wenn sie einen eigenen Kiosk auf ihrem Gelände hätten. Das bringt ja auch gut Kunden. Stell dir ma vor, du willst bloß ne Packung Kippen kaufen und kommst mit einer neuen Karre nach Hause. Ich hau den ma an. Aber jetzt haben wir uns gut fest gelabert, ich bin schon fünfmal rum um deinen Schädel. Das macht 25 Euro.«

»Schön und gut, dass du deinen Neffen fragen willst, aber deshalb brauchst du nicht gleich ne Vermittlungsprovision auf den Preis knallen. Du hast nur ne Handvoll Haare von meinem Kopf geschnibbelt, da kommst du ja grob auf 50 Cent pro Haar. Ich mein, nichts gegen dich, du machst das immer tiptop, aber ich hab auch nur eine kleine Rente. Da kann ich beim nächsten Mal besser zum Pekinesensalon auf der Kö gehen, da krieg ich noch einen Hundeknochen gratis dabei.«

Ein paar Tage später sah ich im Discounterprospekt das Mittel gegen Kapper Joes Preisspirale. Eine Haarschneidemaschine für den Hausgebrauch für 39,99 Euro. Nach Anton Riese hätte ich die Maschine nach zwei Haarschnitten schon wieder raus, und ab dann quiekt das Sparschwein vor Freude. Mit dem Ding war ich ein gemachter Mann. Ich war so gespannt, dass ich die Maschine direkt ausprobieren wollte. Auf der kürzesten Stufe ging da bestimmt noch was. Doch wem sollte ich meine kostbare Haarpracht anvertrauen?

»Otto, ich kenn mich aus mit diesen Teilen. Ich hab mir jahrelang die Haare komplett selbst geschnitten. Ich hab das im Gefühl.«

Erwin hatte mich überzeugt, und so saß ich mit einem Schalke-Handtuch über den Schultern und der vollen Dröhnung Hardrock bei ihm in der Küche. »Du kannst mir sagen, was du willst. Über richtig geilen Hardrock geht nichts drüber. Bessere Haarschneidemucke gibt es nicht. Hardrock gleich Haarrock, verstehste.«

Da Erwin keinen Spiegel in der Küche hatte, war ich ihm ausgeliefert. »Sieht super aus. Wilma wird dich vom Fleck weg ins Schlafzimmer zerren. Garantiert.«

Es lief alles rund bis die ersten Töne von Erwins Lieblingslied erklangen. Während Erwin lautstark mitsang, wurden seine Bewegungen mit der Haarschneidemaschine immer hektischer. Beim Refrain verlor er völlig die Fassung, brüllte aus voller Kehle mit und nutzte die Haarschneidemaschine als Luftgitarre. »Au scheiße!«

»Was hast du gemacht?«

»Warte, ich mach die Mucke leiser. Au weia.«

Ich sprang auf und rannte zum Badezimmerspiegel. Erwin hatte mir mit seiner Haarschneidegitarre die linke Augenbraue abrasiert.

»Was machen wir denn jetzt? Guck ma, wie ich aussehe. Die Leute lachen sich doch kaputt, wenn ich so durch die Stadt gehe.«

»Ich weiß auch nicht, wie das passieren konnte. Die Mucke hat mich so mitgerissen. Otto, das tut mir so leid.«

»Jappeln bringt mich jetzt auch nicht weiter. Wir müssen das so schnell wie möglich geregelt kriegen.«

Auf den Schock tranken wir beide erst mal einen tschechischen Schnappes. Nach drei Pinnekes sprang Erwin plötzlich auf: »Ich hab den Meisterplan. Wir basteln dir ein Augenbrauentoupet!«

»Spitzen Idee. Guck dir die abgesäbelten Haare doch an. Die haben ne ganz andere Farbe wie meine Augenbrauen.«

»Und genau da kommt die körperliche Überlegenheit des Mannes zum Zuge. Denn unsere Prachtkörper bieten uns eine einmalige Vielfalt an unterschiedlichen Haarfarben.«

Als Erwin die Haarschneidemaschine an meinem

Rücken ansetzte, war ich voll und ganz von seinem Plan überzeugt.

»Endlich ist dein Rückenpelz für was gut. Die Haarfarbe stimmt mit deinen Augenbrauen überein.«

Mit ein wenig Alleskleber war die Sache schnell erledigt, und ich hatte ein astreines Augenbrauentoupet im Gesicht hängen.

»Also, falls du noch einen Schnurrbart willst, Haare wären noch reichlich da.«

Auf dem Nachhauseweg behielt ich die Leute auf der Straße genau im Blick, aber niemand bemerkte den Augenbrauenfiffi. Die einzig wahre Echtheitsprüfung stand mir aber noch bevor. Meine Wilma.

»Warst du schon wieder beim Friseur? Kannst du es nicht mehr abwarten bis zur vollen Glatze?«

»Von wegen. Ich hab gepflegt von Erwin nachschneiden lassen, für umsonst. Der Haarschneidemaschine sei Dank.«

Selbst Wilma hatte ich also überzeugt. Vielleicht hatten Erwin und ich mit den Augenbrauentoupets eine Marktlücke entdeckt, und auf meinem Rücken befand sich eine ständig nachwachsende Goldgrube?

»Ich hab das durchgerechnet, ohne meine Friseurbesuche sparen wir richtig Kohle. Zur Feier unseres neuen Reichtums lad ich dich jetzt in ein Café ein.«

»Ich nehm zum Einstieg ein Stück Zitronentorte, einen Nougatring und einen großen Pott Kaffee und für meine Frau Wilma bitte einmal Schwarzwälder Kirsch und eine große Tasse Cappuccino mit ordentlich Schokoflocken oben drauf. Gracie Mille.«

»Hach, wenn du italienisch sprichst, muss ich immer an unsere Reise zur Silberhochzeit zurückdenken. Weißt du noch, wir beide, damals in der Gondel in Venedig?«

»Ach, mein Täubken, du weißt doch, für dich ist mir das Beste gerade bestens genug.«

Als ich Wilma gerade sagen wollte, wie gut mir ihre neue Bluse gefiel, plärrte das Blag am Nachbartisch los: »Guck ma, Mama, die Haare von dem Opa da!«

Ich fühlte mit der Hand nach meinem Augenbrauentoupet. Irgendwas war da in Bewegung geraten. Diesem verdammten Billig-Alleskleber von Erwin ging langsam die Puste aus. Bevor Wilma etwas auffiel, war ich schon auf dem Klo verschwunden. Da sah ich das ganze Drama. Mein Augenbrauentoupet hatte starke Schlagseite Richtung Süden. Da war guter Rat teuer. Auf dem Klo gab es keinen Alleskleber, und ich konnte mir schlecht einen Turban aus Toilettenpapier basteln. Also tat ich, was lang verheiratete Männer am besten können. Ich warf die Flinte ins Korn, zog das Augenbrauentoupet ab und schmiss es in den Mülleimer. Ich näherte mich Wilma vorsichtig von hinten.

»Wenn ich mich gleich vor dich stelle, mach es bitte nicht so schlimm. Versprochen?«

Auf einer Lachkrampfstufe von eins bis zehn erreichte Wilma an diesem Nachmittag aus dem Stand heraus eine Zwölf.

Einen Tag später saß ich wieder bei Kapper Joe. Ohne ein Signal zum Labern von mir bekommen zu haben, legte Joe los: »Otto, alten Wemser. Was hast du denn gemacht? Du warst doch nicht wirklich im Pekinesensalon auf der Kö, oder? Also ich mein, für einen Pekinesen bist du top gestylt.«

»Joe, ich entschuldige mich für meinen Spruch vom letzten Mal. Ich verspreche dir hoch und heilig, dass ich bis ans Ende meiner Tage zur dir in den Salon komme. Auch wenn ich bis dahin auf dem Kopf komplett blank bin und du mir nur feucht über die Glatze wischen brauchst. Wie kriegen wir mein Augenbrauenproblem jetzt in den Griff?«

»Ich wüsste da nur eine Lösung. Wir schnibbeln die andere Augenbraue auch noch weg. Denn eine fehlende Augenbraue fällt mehr auf als zwei. Außerdem wachsen die Dinger dann beide im Gleichschritt nach, und in ein paar Wochen bist du wieder ganz der Alte.«

So haben wir das gemacht, und ich war die nächsten Tage als Häuptling Nacktschnecke unterwegs. Aber mein erneuter Besuch bei Joe brachte auch was Gutes mit sich. Er hatte in der Zwischenzeit mit seinem Neffen telefoniert. Seine Firma hätte Platz und Lust, Jupps Containerkiosk unterzubringen. Die beiden müssten sich nur auf eine schmale Miete einigen, und die Sache

würde laufen. Ich nahm meine abgeschnittenen Augenbrauen einfach als gutes Omen für Jupps neue Heimat.
Nur eine Sache hing mir quer im Magen. Das Bocksprung-Blag hatte mir auf dem Heimweg aufgelauert
und ein Foto von mir ohne Augenbrauen gemacht.
Und seit der Nummer mit Erwins Nacktbild wusste ich
nur zu gut, was es damit alles anstellen konnte. Ich
musste das Blag unbedingt zu fassen kriegen.

EIN HAARIGES GLÜCK AUF!

EUERN OTTO

HEIMSPIELPARKER

KINNERS,

Heimspiele von Schalke sind für mich astreine Festtage. Früher, als ich noch eine Dauerkarte fürs alte Parkstadion besaß, war der Tag bis auf die Minute durchgetaktet. Frühstück, Kumpels treffen, Aufwärmbier, zum Stadion ziehen, warm singen, und der Rest des Tages hing vom Spielverlauf ab. Heute geh ich die Sache etwas ruhiger an. Ich bin ja auch nicht mehr der Jüngste, und so manch einer hat schon einen Herzkasper im Stadion abgekriegt. Deshalb hab ich zusammen mit meinem Arzt beschlossen, dass es für mich gesünder ist, die Spiele nicht mehr im Stadion anzugucken. Zum Glück wird jedes Spiel live in der Glotze übertragen, und wenn es da zu kribbelig wird, kann ich kurz rausgehen oder mir eine Packung Baldrian reinfeuern. Wenn das Wetter einigermaßen in Ordnung ist, geh ich vor Schalke-Spielen immer vor die Tür, feg ein bisschen die Straße, mach Dreck weg und palaver mit den Schalkern, die zur Arena hochziehen. Unter Fans, die sich auskennen, ist meine Straße ein Geheimtipp. Hier kannst du umsonst parken, kommst nachher gut weg, musst dafür aber auch ein Stückchen bis zur Arena dackeln. Als ich vor einem Jahr an einem Heimspieltag die Straße fegte, fuhr ein Auto aus dem Münsterland mit einem Schalke-Schal aus dem Fenster flatternd immer wieder an mir vorbei. Vor und zurück, dann in der Einfahrt gedreht, keinen Plan die Jungs. Aber das ist ja bekannt, sobald das Kennzeichen drei Buchstaben hat, weißt du was die Fahrkunst geschlagen hat. Irgendwann hielten die Jungs auf meiner Höhe.

»Entschuldigen Sie bitte, wird man hier abgeschleppt oder darf man hier parken?«

»Hömma, das ›Sie‹ kannst du dir gleich ma klemmen. Wir Schalker müssen zusammenhalten, also lass uns ma direkt beim ›du‹ einsteigen. Was das Parken angeht, abgeschleppt wirst du nicht. Nur ist hier so gut wie nichts mehr frei. Kommt ihr denn öfter?«

»Sicher. Wir haben alle Dauerkarten, und ein Kumpel hat gesagt, wir sollen hier mal auf Parkplatzsuche gehen.«

»Passt auf, ich mach euch einen Vorschlag. Ich hab das schon mal gemacht, für ne Familie aus Erkenschwick, die kommt aber schon was länger nicht mehr. Das hier ist meine Einfahrt, und da mach ich die Ansagen, wer da parkt und wer nicht. Und wenn ihr wollt, könnt ihr hier ganz geschmeidig vor jedem Spiel parken. Aber unter einer Bedingung: Ich fänd das astrein, wenn ihr mir immer das neuste Stadionheft mitbringen könntet und ab und an ma ne Getränkekarte. Die

173

sammel ich nämlich. Hab schon ohne Ende Motive zusammen.«

»Super geil!«

Und seit dem Tag parken die Jungs aus dem Münsterland zu fast jedem Heimspiel bei mir in der Einfahrt.

So stand ich also auch an diesem Tag, rund ein Jahr später, auf der Straße, als die Jungs mit ihrer Karre um die Ecke geschaukelt kamen. Doch dieses Mal kam nicht nur ein Auto mit dem Kennzeichen »COE« angezockelt, sondern gleich zwei. Nachdem die Jungs bei mir geparkt hatten, zeigten Sie auf das zweite, vollgepackte Auto. »Wir haben bei uns im Block noch ein paar Schalker aus dem Münsterland kennengelernt und denen von unserem Parkplatz erzählt. Hast du vielleicht noch irgendwo ein Stück frei?«

»Puh, da erwischt ihr mich auf dem falschen Fuß. Was habt ihr denn nicht vorher Bescheid gesagt? Die Straße hier wird jede Woche dichter. Hier ist fast alles ausgebucht. – Aber wartet ma.« Ich lief rüber zu Nachbar Flemming.

»Du hast doch hier so ne zauberhafte Einfahrt. Wenn ich das richtig sehe, ist da massig Platz für noch ne Karre.«

»Willst du dir einen Zweitwagen anschaffen?«

»Nee, es geht um die Jungs in der grünen Karre da hinten. Die haben Dauerkarten für Schalke und ein Parkplatzproblem. Also die Kumpels von denen parken schon immer bei mir in der Einfahrt, das sind tofte Jungs. Jetzt ist die Frage, ob die anderen bei Heimspielen in deiner Einfahrt parken dürfen. Die wollen dir sogar Kohle dafür geben.«

»Hm, können die von mir aus machen. Kohle will ich nicht, ich hab ne andere Idee. Wenn einer von den Jungs nicht kann oder einer krank ist, sollen die mich vorher mal fragen, ob ich Zeit hab einzuspringen. Ich würd denen natürlich ein paar Euro dafür geben. So komm ich ab und zu in die Arena und brauch mich nicht um Karten prügeln.«

Wenig später parkte die eine Hälfte der Münsterländer bei mir in der Einfahrt und die andere bei Flemming. Als wir den Jungs hinterherschauten, meinte Flemming: »Das ist ja der Wahnsinn, wie dankbar die für einen Parkplatz sind.«

»Das ist noch gar nichts. Da gibt's noch ganz andere Kollegen. Ich kenn eine Truppe, die haben sich hier ne ganze Wohnung gemietet. Die steht die ganze Woche frei. Freitags rücken die ersten an, bis zum Spiel füllt sich die Bude immer weiter. Dann wird da vorgeglüht und alle Mann dackeln geschlossen in die Arena und nachher gibt es ne amtliche Nachbetrachtung. Die machen das mit fünfzehn Mann. Wenn die Miete irgendwo bei 750 Tacken liegt, bist du mit 50 Schleifen im Monat dabei, hast nach jedem Heimspiel einen sicheren Schlafplatz und parken kannst du auch noch. Und was glaubst du, was die sparen, wenn die nach dem Spiel in ihrer Bude Pils trinken und nicht in ne Kneipe gehen.«

»Aber wer vermietet denn seine Wohnung an eine Horde Schalker?«

»Ja, gar keiner. Die haben die Schwester von einem vorgeschickt. Die studiert hier in Gelsenkirchen. Aber mittlerweile hat der Vermieter das wohl spitz gekriegt, dass die Jungs da ne Schalke-Bude raus gemacht haben. Mit selbst gebauter Bettentribüne zum Pennen und all solche Scherze.«

»Ja und dann?«

»Ganz einfach, der Vermieter ist bei der Feier nach dem Spiel immer mittendrin und trinkt sich umsonst einen mit.«

»Wahnsinn.« Flemming erkundigte sich nach Jupps Kiosk, und ich erzählte ihm die Sache mit dem Baucontainer und der fehlenden Genehmigung.

»Du meinst das Bauamt in Gelsenkirchen?«

»Genau.«

»Kein Thema. Da kenn ich Land und Leute. Ich hab schon so viele Bauprojekte da genehmigen lassen. – Hast du eigentlich was mit den Fotos zu tun, die hier überall hinter den Scheibenwischern klemmten?«

»Welche Fotos?«

»Fotos von dir. Ich dachte, du wüsstest das. Irgendwie hattest du auf dem Bild keine Augenbrauen und oben drüber stand so was wie ›Lord Opamort‹.«

»Ich werd verrückt! Das war das Bocksprung-Blag!«

»Wer?«

»Ach, so ein Blag, das mich schon seit Wochen schikaniert.«

»Du wirst von einem Kind schikaniert? Bist du dir sicher, dass es nicht anders rum richtig ist?«

Schalke siegte an dem Tag souverän, und ich spendierte den Jungs aus dem Münsterland nach der Partie noch ein kleines Pils in der Einfahrt. Als alle wieder auf dem Weg nach Hause waren, ging ich zurück ins Haus und merkte sofort, dass irgendwas nicht stimmte. Wilma saß in der Küche, den Stuhl falsch rum hinter den Tisch gestellt und blickte mit verschränkten Armen aus dem Fenster.

»Wilma-Täubken? Ist alles in Ordnung?«

Sie hob die Hand und zeigte auf den Wandkalender in der Küche. Ich verstand nicht, was sie mir damit sagen wollte.

»Hab ich vergessen, das Kalenderblatt umzudrehen?«

Sie schüttelte den Kopf und hielt ihre rechte Hand mit ausgestrecktem Ringfinger in die Luft. Da überschlug es mich wie eine Welle alkoholfreien Weizenbieres. Ich hatte unseren Hochzeitstag vergessen!

KAFFEE ... ÄH ... GLÜCK AUF!

EUERN OTTO

WACKELPÖTER

KINNERS,

wie konnte ich nur so blöd sein, den Hochzeitstag zu vergessen. Wilma raste vor Wut: »Kiosk! Kiosk! Kiosk! In den letzten Wochen geht es hier um nichts anderes mehr. Und ich hab gedacht, heute, an unserem Hochzeitstag, denkst du dir was ganz Besonderes aus. Denn die letzten Wochen war ich höchstens noch gut genug fürs Putzen und Essen kochen. Aber jetzt weiß ich ja ein für alle Mal, wo ich in der Rangfolge stehe. Erst der Kiosk, dann Schalke und irgendwo ganz dahinter die Ehefrau. Ich hab schon verstanden.«

Au weia, so sauer hatte ich Wilma lange nicht mehr erlebt. Ich wusste, an dem Punkt war jedes weitere Wort zwecklos. Es mussten Taten folgen. Ich schnappte mir meine Joppe und lief aus der Wohnung. Als ich vor der Tür stand, gab es nur ein Problem. Ich hatte keinen Plan, wie ich die Sache wieder geradebiegen sollte. Also dackelte ich in die Zitty, um mich inspirieren zu lassen. Zu Weihnachten klappte das auch immer. Ohne Idee rein in die Fußgängerzone und mit ein paar Tüten Geschenken wieder raus. In einem Stehcafé bestellte ich mir einen großen Pott Kaffee, um die Hirnwindungen ans Laufen zu kriegen. Ich stellte mich an einen Stehtisch und sah durch die Fensterscheibe auf einen Bauzaun, an dem alle möglichen Veranstaltungsplakate hingen. Ich las eins nach dem anderen durch, und plötzlich kam mir die Erleuchtung. Wilmas liebster kanadischer Schmusesänger kam nach Oberhausen. Das war die Lösung für mein Hochzeitstagsproblem. Wenn der Schmierlappen im Fernsehen kam, ließ Wilma jedes Mal alles stehen und liegen. Ich schaute auf das Datum. Das Konzert war schon zwei Tage später. Kurz darauf stand ich bei Erwin im Wohnzimmer: »Schmeiß ma kurz das Internet an. Ich muss was gucken.«

Auf der Internetseite der Arena in Oberhausen stand neben dem Schmusekonzert in dicken Buchstaben:

AUSVERKAUFT

»Erwin, du kennst dich doch aus mit Konzerten. Wo kriegt man Karten her, wenn was ausverkauft ist?«

»Entweder Schwarzmarkt direkt vor der Halle. Oder über Ticketbörsen im Internet.«

»Ich brauch die Karten doch als Geschenk für Wilma. Da kann ich mich schlecht erst am Abend vor der Halle drum kümmern. Dann lass ma gucken, ob einer im Internet Karten vertickt.«

Erwin und ich durchsuchten verschiedene Verkaufsbörsen, und plötzlich fiel uns ein Angebot ins Auge. Ein

Typ in Bochum war krank geworden und wollte zwei Karten loswerden.

»Ich schreib dem Typen jetzt ne Nachricht, der soll uns seine Handynummer geben, und dann machen wir uns auf nach Bochum. Oder hast du heute schon was vor?«

»Wenn du mir ne Currywurst ausgibst, bin ich dabei.«

Ich hatte Glück, die Karten waren noch da, der Verkäufer sehr nett, und ein paar Stunden später war ich mit zwei Konzertkarten in der Tasche und drei Currywürsten im Bauch wieder zurück zu Hause. Bevor ich Wilma die Karten geben konnte, musste ich mir überlegen, wie ich die präsentieren sollte. Einfach so die Karten in einem schönen Umschlag rüberschieben, würde nicht ausreichen. Also schlich ich mich in meinen Hobbykeller und legte eine CD von dem Schmusesänger aus Wilmas Kollektion ein. Ich schaltete durch die Lieder, bis ich eins gefunden hatte, dass ich einigermaßen mitsummen konnte. Ich hörte das Lied wieder und wieder, bis ich wusste, wo es lang ging. Ich organisierte noch einen großen Strauß roter Rosen und schlich mich wieder hoch in die Wohnung. Zum Glück saß Wilma gerade in ihrem Nähstübchen, und ich hatte freie Bahn. Ich verstreute die roten Rosen auf dem Wohnzimmerfußboden, legte die CD ein und drehte mein eingeübtes Lied voll auf. Ein paar Sekunden später lugte Wilma um die Ecke. Als ich sie sah, begann ich in bester Playback-Manier so gut ich konnte die Lippen zum englischen Liedtext zu bewegen. Dabei nahm ich eine Rose vom Boden, kniete mich hin und robbte langsam zu Wilma rüber. Ich schaute ihr in die Augen und brüllte über die Musik hinweg: »Wilma, im Urwald der Liebe ist Platz für alle Tiere, auch trottelige Nashörner wie mich. Aber eins ist sicher, du bist mir wichtiger als alle Kioske dieser Welt zusammen. Magst du mir noch einmal verzeihen?«

Wilma schüttelte lachend ihren Kopf: »Einigen wir uns auf Schimpanse! So affig, wie du dich manchmal benimmst, ist das eine Beleidigung für jedes Nashorn.«

Zwei Tage später stand ich mit Wilma auf dem Parkplatz in Oberhausen. Ich hatte mich bequatschen lassen und ihr versprochen, dass wir früh genug losfahren, damit ihr noch Zeit blieb, durch die Einkaufspassage zu bummeln. Die sind da nicht dumm in Oberhausen, die Konzerthalle direkt ans Shoppingcenter dranzusetzen. So kommt kaum ein Kerl drum rum, da vorher noch mal durchtapern zu müssen. Als wir die Einlasskontrolle an der Halle hinter uns gebracht hatten, suchten wir unsere Plätze und hockten uns hin.

»Willst du noch was essen?«

»Danke. Ich muss auf meine Linie achten.«

»Gut, dann geh ich noch ma los und guck mich um. Zum Schmusebeginn bin ich wieder hier.«

Zu meinem Glück gab es in der Konzerthalle eine

richtige Fressmeile. Von Currywurst über Pizza bis Popcorn und Nachos reichte die Auswahl. Ich entschied mich für eine Currywurst als Vorspeise, ein Schnitzelbrötchen als Hauptgericht und eine Packung Nachos als Nachspeise. Als die Dame hinterm Tresen die Sachen aufstapelte, war mir schnell klar, das bekam ich nicht mit einem Mal mit. Also brachte ich erst die Nachos und das Brötchen zu Wilma, deponierte alles auf ihrem Schoß und holte Nachos und eine große Cola nach. Und weil ich noch eine Hand frei hatte, nahm ich noch Popcorn dazu. Damit hatte ich übern Daumen gepeilt meine halbe Rente verballert. Für eine lauwarme Currywurst hatte ich noch nie mehr Kohle rausgehauen.

Optimal ausgestattet saß ich genau passend zum Konzertbeginn wieder auf meinem Platz. Ich machte es mir bequem und näherte mich der Vorspeise. Das Licht ging an, der kanadische Schmusebarde sprang auf die Bühne, und es dauerte genau zwei Minuten, bis das Pärchen vor mir aufsprang und mir die Sicht versperrte. Damit hätte ich ja noch leben können. Wenn ich den Kopf zur Seite drehte, hatte ich besten Blick auf eine Leinwand. Aber als der Typ vor mir das Tanzen anfing, verging mir alles. Tanzen ist auch nicht wirklich der richtige Ausdruck für das, was der Typ da vollführte. Er wackelte mit seinem Hintern, als gäb es kein Morgen mehr, ging im Rhythmus, Hintern wa-

ckelnd in die Knie und vollführte luftige Trommel-
schläge mit seinen Händen. Sein Hinterteil wackelte
dabei in einem gefühlten Abstand von fünfzig Zenti-
metern vor meiner Nasenspitze herum. Als ich mich
dem Schnitzelbrötchen widmen wollte, spielte der
Schmusebarde eine schnellere Nummer und der Hinternwackler kannte kein Halten mehr. Auf, ab, vor,
zurück und immer bedrohlich nah an meinem Schnitzelbrötchen. Ich konnte mich auf gar nichts anderes
mehr konzentrieren, als auf den wackelnden Hintern.
Der Appetit war mir da längst vergangen. Im Halb-
dunkel und mit den Lichteffekten von der Bühne kam
es mir zwischendurch so vor, als würde ich mit meinem Mund nicht in mein Schnitzelbrötchen, sondern
direkt in ein saftiges Hinterteil beißen. Das war zu
viel für mich. Ich schob das Essen so weit es ging unter
meinen Sitz, verschränkte die Arme und nuckelte an
meiner Cola. Ich musste etwas unternehmen. Mir war
schon ganz schwindelig, und der Typ legte immer weiter nach. Mittlerweile war ihm sein Hemd aus der Hose
gerutscht, und ich hatte freie Sicht auf seinen Kimmen-
ansatz, in der ein Wollfussel freudig auf und ab hüpfte.
Ich sprang auf und rief Wilma ins Ohr: »Mein Rücken,
ich kann nicht mehr sitzen! Ich stell mich kurz oben
an die Tür! Bleib du hier, ich komm zwischendurch
wieder!«

Und so ging ich die Treppe hoch und suchte mir einen
lauschigen Platz kurz vorm Ausgang. Sofort kam ein

Sicherheitsmensch auf mich zugeschossen, um mich zurück auf meinen Platz zu scheuchen. Ich erklärte ihm mein Rückenleiden, und er war so nett, ein Auge zuzudrücken. Und so verbrachte ich den Rest des Abends im Korridor zum Ausgang. Zwischendurch stattete ich Wilma einen Besuch ab. Die kam gut ohne mich zurecht und hatte nur Augen für ihren kanadischen Schmusehelden. Der Hinternwackler gab weiter Vollgas, und ich fragte mich, was da schiefgelaufen sein musste. Gut, ich war früher selbst auch in einem Tanzkurs. Aber doch nicht, um solche abenteuerlichen Manöver zu lernen, sondern um Perlen zu erobern. Damals gab es noch kein Internet, keine Partnerbörsen und diesen ganzen Krams. Da bist du in die Tanzschule oder zum Tanztee und irgendwas von dem, was dir da präsentiert wurde, musstest du nehmen. Das galt natürlich in beide Richtungen, wobei ich ganz klar sagen muss, die Frauen hatten da teilweise das deutlich schwerere Los. So mancher Mann kann froh sein, dass die Frauen damals nur eine begrenzte Auswahl an Verkupplungsmöglichkeiten hatten. Sonst wäre da bis heute Schicht im Schacht. Auf jeden Fall hatte ich damals nur eine Parole im Kopf: Den Mädels nicht auf die Füße treten und gucken, dass man versehentlichen Brustkontakt hinbekommt. Hätte ich damals zu so einem Hinternwackler angesetzt, hätte mich die Tanzlehrerin wahrscheinlich direkt wegen unzüchtigen Verhaltens in die Kirche gegenüber zur Beichte geschickt.

»Und, hast du mir verziehen?«, fragte ich Wilma auf der Heimfahrt.

»Da hast du mal wieder haarscharf die Kurve gekriegt. Das Konzert war wundervoll, aber was macht denn dein Rücken?«

»Och, ich würd sagen, der hat sich wieder ganz gut eingewackelt. Du, aber das mit dem Kiosk. Es gibt da ein paar Sachen, die ich zu Ende bringen muss. Wir haben das alles angeleiert, und ich kann nicht mittendrin die Flinte ins Korn werfen. Kannst du noch ein paar Wochen auf meine volle Aufmerksamkeit verzichten?«

»Ich weiß doch, wie wichtig dir der Kiosk ist. Und dass du dich so für Jupp reinhängst, find ich ganz toll. Aber in der letzten Zeit hatte ich das Gefühl, ich werde nur noch fürs Kochen, Putzen und Wäsche waschen gebraucht.«

»Pass auf, so lange, bis das mit Jupps Kiosk noch nicht geregelt ist, gehe ich jeden Sonntag mit dir in ein schönes Café deiner Wahl, und wenn alles vorbei ist, fahren wir ein paar Tage nach Holland ans Meer. Was sagst du dazu?«

»Jetzt weiß ich wieder, warum ich dich damals geheiratet habe.«

»Wegen meinem Sexypeel, ne.«

JA NICHT, ODER WAS? GLÜCK AUF!

EUERN OTTO

HOCHZEITSSPLITTING

KINNERS,

als alter Ehekapitän hatte ich die Wogen rechtzeitig ge-
glättet. Kanadische Schmusesänger sind immer noch
das beste Rezept gegen vergessene Hochzeitstage. So
konnte ich mich am Tag nach unserem Konzertbesuch
wieder in aller Ruhe mit Jupps Kiosk beschäftigen. Direkt nach dem Frühstück dackelte ich rüber zu Flemming. Bei einem leckeren Marmeladenbrötchen fragte
ich ihn, ob er schon was regeln konnte.

»Also, ich hab gleich Nägel mit Köpfen gemacht. Jupp
und du, ihr habt morgen einen Termin bei meiner Bekannten auf dem Bauamt. Die wird euch ein paar
Fragen stellen und mit den Formularen helfen.«

Am nächsten Tag war ich viel zu früh auf dem Amt. Es
war wieder mächtig kalt geworden, und ich stellte mich
in den Wartebereich. Auf einmal kam eine Horde fest-
lich gekleideter Menschen und baute um mich rum
Stehtische auf, wirbelte mit Girlanden rum und stellte
Essen und Trinken bereit.

»Was ist denn hier los?«, fragte ich einen der Um-
herschwirrenden.

»Hier ist gleich ne Hochzeit. Wir schmücken für einen kleinen Empfang. Soll ne Überraschung für das Brautpaar werden.«

»Ach so, Standesamt, jetzt kapier ich. Aber sag ma, was habt ihr denn da für komische Brötchen am Start? Da kannst du den Belag nicht mehr von der Plastikfolie unterscheiden.«

»Ja, ich weiß auch nicht. Fürs selber Schmieren blieb keine Zeit. Also haben wir uns die Dinger von einem Lieferservice ankarren lassen. Aber ehrlich gesagt, ich hätt mir da mehr von versprochen.«

»Das ist ja ein Ding. Ich hab zufällig einen spitzenmäßigen Brötchendealer an der Hand.«

»Echt? Dann lass ma deine Nummer rüberwachsen. In ein paar Wochen heiratet meine Schwester und am Ende des Jahres einer meiner besten Kumpel. Da wollt ich nicht noch ma mit so belegten Plastikfliegern auflaufen.«

Ich gab dem netten Kerlchen meine Nummer und kurz darauf verschwand die ganze Bagage im Trauzimmer. Genau in das Zimmer, in dem ich damals meine Wilma geheiratet habe. Wenn ich an den Tag zurückdenke, hab ich noch heute Schweiß in der Kimme stehen. Mein Schwiegervater hatte mich vom ersten Tag an auf dem Kieker: »Ich möcht gar nicht wissen, unter wie vielen Blusen deine Finger schon unterwegs waren. Und jetzt soll da der Ehering drüber? Geh mir bloß weg.«

Alle meine Versuche, mich mit meinem Schwieger-vater gutzustellen, schlugen fehl. Wilma kam ja nicht aus Gelsenkirchen, sondern aus dem feinen Essen. Also damals war Essen hier im Ruhrpott so, wie Berlin heute für alle. Wenn es hieß »Hier, das hab ich in Es-sen gekauft«, dann haben aber alle geguckt. Damals hast du dich sogar extra fürs Shoppen rausgeputzt, wenn es nach Essen ging. Und als ich alten Gelsenkir-chener Malocher das erste Mal bei Wilmas Familie auf-schlug, da lag die Zimmertemperatur schlagartig am Boden. Ich bin ja damals direkt von der Schulbank weg in die Grube gefahren. Noten und Abschlüsse waren nicht wichtig. Hauptsache, du konntest anpacken. Als Lebenslauf reichte ein Satz, um genommen zu werden: »Mein Opa ist Bergmann und mein Vater auch.« Wil-mas Eltern waren dagegen Kaufmannsleute. Die hat-ten einen eigenen Lebensmittelladen und meinten, ihre Tochter hätte was Besseres als mich verdient. Aber von so einem Gegacker hab ich mich natürlich nicht abschrecken lassen. Ich hab damals die Klappe etwas zu weit aufgerissen und behauptet, dass ich keinen Pfennig Kohle für Wilmas und meine Hochzeitsfeier annehmen würde. Und genauso sah unsere Hoch-zeitsfeier auch aus. Wir haben das ganz kleine Besteck ausgepackt. Zu meinem Glück hat Wilma fest zu mir gehalten, und so haben wir unsere Hochzeit in einer besseren Pommesbude hier bei uns in Buer gefeiert. Brautkleid und solche Fisimatenten waren von Anfang an gestrichen und woher wir die Ringe organisiert haben, das bleibt für immer unser Geheimnis. Aber das Schicksal oder besser gesagt der Holundergeist war an diesem Tag auf meiner Seite. Denn spätestens, als sich mein Schwiegervater auf der Feier richtig weggesäbelt und vor aller Augen mit seiner Buxe auf halbmast baumelnd in einen Blumenkübel gereiert hatte, waren die Niveauformalitäten ein für alle Mal geklärt. Aber bis dahin war es ein weiter Weg. Ich hab für kaum was mehr malocht in meinem Leben als für Wilmas Ja-Wort. Und als wir beide den Schmalspur-Hochzeitstag endlich hinter uns gebracht hatten, da hab ich mir eine Sache geschworen. Das Fräuken lässt du nicht mehr ziehen.

Hab ich bis jetzt auch geschafft, ne.

Bevor ich weiter in Erinnerungen baden konnte, kam Jupp die Treppen hochgeflitzt.

»Tschuldigung, Otto. Tschuldigung. Ich bin was spät dran, hab kein Parkplatz gefunden, alles voll. Warum ist das denn so voll hier?«

»Hier ist ne Hochzeit. Du kannst froh sein, dass du so spät dran bist. In der Zeit hab ich einen richtig großen Deal für dich an Land gezogen.«

»Was denn? Sag an? Was hast du gemacht?«

»Den Tag, als ich im Kiosk untergegangen bin, da hab ich dir doch die Nummer mit den Polizeibrötchen versemmelt. Und gerade hab ich deine Brötchen in den höchsten Tönen gelobt. Wenn alles nach Plan läuft, meldet sich bald einer bei mir, der massig Brötchen für ein paar Hochzeiten braucht. Und wenn das ne runde Sache wird und sich rumspricht, wirst du vielleicht der Hochzeitsbrötchenkaiser von Gelsenkirchen.«

»Wahnsinn! Ich müsst dich öfter mal irgendwo warten lassen, das müsst ich öfter mal machen. Aber jetzt lass ma rein ins Bauamt, rein in die gute Stube.«

Flemming hatte seine Sache wirklich gut gemacht. Das Fräulein vom Amt wusste besser was los war als Jupp und ich zusammen. Sie gab Jupp alle wichtigen Formulare zur Unterschrift, und ein paar Minuten später standen wir wieder vor der Tür und hatten eine frisch gepresste Genehmigung für Jupps Containerkiosk in der Hand. »Das läuft ja wie am Schnürchen, also wie am Schnürchen. Hätte ich nie gedacht. Bis vor ein paar Wochen war die Zukunft noch duster, aber zappenduster, und jetzt krieg ich auf einmal jeden Tag ne neue gute Nachricht.«

»Du hast ja jetzt auch lang genug Knüppel von deinem Vermieter zwischen die Beine bekommen. Wird Zeit, dass du wieder vernünftig geradeaus laufen kannst. Aber sag ma, das Angebot von der Containerfirma, hast du da schon reingeschaut?«

»Sicher. Hab ich, hab ich. Ich hab sogar schon alles klargemacht. Bin zu denen hingefahren und hab mir ein ganz feines Teil zusammenstellen lassen, ein ganz ein feines Teil. Schöne Verkaufsfläche, viel Licht, Lagerraum dabei, kleine Kochecke und natürlich ein gemütliches Klo. Das kost weniger, als wie ich jetzt an Miete zahle, musst du dir ma vorstellen, noch weniger.«

Als wir die Stufen Richtung Ausgang nahmen, liefen wir mitten in die Hochzeitsgesellschaft von vorhin. Ich schnappte mir den Typen, mit dem ich über die Brötchen gequasselt hatte und stellte ihm Jupp vor: »Das hier ist der Brötchendealer, von dem ich vorhin palavert hab. Komm doch einfach auf ein Probebrötchen in Jupps Kiosk vorbei. Wie war denn die Hochzeit?«

»Weltklasse. Die Standesbeamtin hatte die falschen Unterlagen dabei, die Ringe wollten nicht über die Finger, und es ging alles drunter und drüber. So gelacht hab ich selten. Aber sagt ma, wir feiern gleich hier in der Pinte gegenüber weiter. Habt ihr Bock mitzukommen? Irgendwie muss hier Magen-Darm rumgehen, es haben ne Menge Gäste abgesagt. Wir brauchen noch ein paar Leute, damit genug Stimmung in die Bude kommt.«

Kurzerhand haben wir Wilma und Rita angerufen, und so standen wir wenig später alle zusammen auf einer fremden Hochzeitsfeier. Und als ich Wilma an diesem Tag in den Armen hielt, aus den Augenwinkeln den glücklichen Jupp mit seiner Rita tanzen sah, da sprudelte es aus mir heraus: »Mein Täubken, ich bin ganz romantisiert von der Stimmung hier. Ich weiß, ich bin nicht nur ein Romantiker, sondern auch ein Chaot aus Leidenschaft. Ich hab dir schon viel Stress gemacht und versprech dir heute eine Sache hoch und heilig. An unserem nächsten runden Hochzeitstag feiern wir unsere Hochzeit nach. Mit allem Drum und Dran. Wir laden alle ein, es gibt lecker was zu futtern, und nachher wird getanzt und gefeiert bis die Gelenke knacken!«

Da war es wieder, mein Erfolgsrezept für unsere Ehe. Immer nach vorne schauen und nie zurück, denn hinter einem liegen leere Versprechungen, aber die vor einem, die strahlen noch in vollem Glanz.

EIN GLÄNZENDES GLÜCK AUF!

EUERN OTTO

KINNERS,

auf einmal war er plötzlich da, der Tag von Jupps Umzug. Mit seinen privaten Klamotten war er schon vor ein paar Tagen in Dietmars alte Wohnung gezogen. Dietmar war mittlerweile auf Malle angekommen und hatte schon eine Postkarte geschickt:

MUCHAS GEILOS! BUENOS
DIETMAR SCHAUKELT DAS
DING, AUF MALLE IST ES NOCH
GEILER, ALS ICH DACHTE!
LIEBE GRÜSSE UND KOMMT
VORBEI, DANN MACHEN WIR
EINEN DRAUF!

Dietmar wusste, wie man das Leben am Schlafittchen packen muss. Einfach feste zugreifen und so lange schütteln, bis es einem noch ein paar gute Jahre schenkt.

»Frühstück ist fertig!«, riss Wilma mich aus meinen Gedanken. Ich hatte mir für Jupps Umzugstag ein volles englisches Ruhrpottfrühstück bestellt. Das hab ich mir selbst ausgedacht. Im Prinzip ist das alles, was ich sonst auch immer futter, von Mettbrötchen über Rosinenbrot mit Leberwurst bis zu Eiern mit Speck, ergänzt um die feinsten Genüsslichkeiten aus der englischen Hochkultur. Also ne Dose Bohnen, ein paar Pilze und um das Ganze international zu machen, hab ich anstelle von diesen kleinen englischen Würstchen einfach eine Packung Cevapcici aus der Tiefkühltruhe besorgt.

Das neue Gelände von Jupps Kiosk, ab heute auch bekannt als Jupps Container, konnte ich genau wie seine alte Bude zu Fuß erreichen. Alles andere wäre für mich auch eine Vollkatastrophe gewesen. Plan für den Tag war, den ganzen Kladderadatsch aus dem Kiosk raus und in den Container rein zu wuchten. Es war meine Aufgabe, die Klamotten von A nach B zu fahren, ohne mich dabei von C, D und E ablenken zu lassen. Aber davor musste ich erst mit Erwin nach Recklinghausen, zwei Bullis abholen. Jupps Schwager hat da eine Tanke mit angeschlossenem Bulli-Verleih und uns für den Umzugstag zwei feine Vehikel in Aussicht gestellt. Erwin und ich fuhren zusammen in meinem Auto hin, ließen meine Karre an der Tanke stehen und nahmen jeder einen Bulli mit zurück. »Wettrennen? Wer als

Letzter in Buer ist, spendiert dem anderen einen Gyrosteller!«, hörte ich Erwin noch rufen, bevor er die Scheibe hochkurbelte und mit Karacho vom Parkplatz schoss. Was hab ich davon, wenn die Gyrosplatte auf meiner Beerdigung serviert wird? Soll er heizen wie er will, dachte ich, als ich gemütlich auf die A2 Richtung Gelsenkirchen fuhr. Ich suchte den Schlagersender im Radio und zuckelte geschmeidig über die Bahn.

Ein paar hundert Meter vor mir ging auf einmal gar nichts mehr, nur noch Warnblinklichter. Als Autofahrer im Ruhrpott nimmst du so einen Stau eigentlich nicht mehr wahr. Hier fahren grob über den Daumen gepeilt mehr Autos als im restlichen Teil der Republik zusammen. Und wenn du im Dunkeln auf einer vollen Autobahn Richtung Ruhrpott fährst, links und rechts von dir leuchten die Industrieanlagen und Shoppinghöfe, dann fehlt nur noch der Cowboyhut, und du fühlst dich wie ein Trucker im tiefsten Amerika. Aber heute konnte ich so einen ausgewachsenen Stau überhaupt nicht gebrauchen. Vor allem, weil es normalerweise wenigstens im Schneckentempo vorangeht.

Ich machte das, was ich in so einer Situation immer mache, zurücklehnen und auf die Verkehrsmeldungen im Radio warten. Es liegt grundsätzlich immer irgendein abgefallenes Teil auf der Straße, ein paar Fahrradfahrer haben sich auch immer vertan, und mittlerweile wird fast jede Nacht irgendwo was wegen Brückenarbeiten gesperrt.

»Die A2 Hannover Richtung Oberhausen ist zwischen Kreuz Recklinghausen und Abfahrt Gelsenkirchen-Buer wegen Bergungsarbeiten voraussichtlich noch bis 11 Uhr gesperrt. Zurzeit sind dort fünf Kilometer Stau. Wir empfehlen allen Hörern, über die A42 auszuweichen.«

Ich sank noch tiefer in den Autositz. Vollsperrung und ich mitten drin. Ein Blick auf die Uhr verriet mir, dass ich mich auf lockere zwei Stunden einstellen konnte. Es gab kein Entkommen. Warum musste das genau am Tag von Jupps Umzug passieren? Ich rief Erwin auf dem Handy an.

»Welcher Stau? Ich bin schon da.«

»Du alter Raser! Ich häng mittendrin. Im Radio hieß es, das dauert noch mindestens zwei Stunden.«

»Ach du kacke. Machst du jetzt einen auf Superstau oder was? Denk dran, die Fähre in Genua geht um 18 Uhr!«

»Sehr witzig, Erwin. Ich hab nicht mal was zu trinken dabei und mein Handy läuft auch auf Reserve. Konnte ja keiner ahnen, dass aus den paar Kilometern ein Tagesausflug wird.«

»Mach dir keinen Kopp. Wenigstens haben wir einen Bulli hier. Die Gyrosplatte geht üb …«

»Erwin? Verdammte Hacke!«

So saß ich da, nur wenige Kilometer Luftlinie von Jupps Kiosk entfernt, abgeschnitten von der Außenwelt und ohne Verpflegung in Sichtweite. Als die ersten Leute aus ihren Karren stiegen, setzte auch ich zu einem kleinen Spaziergang entlang der Leitplanke an. Zum Glück hatte der Winter einen guten Tag, sonst hätte ich mir zur Krönung noch den joggingbebuxten Hintern abgefroren. Kaum jemand regte sich über den Stau auf. Menschen aus fast allen Nationen dieser Erde lehnten gemütlich an der Leitplanke, eine Zigarette rauchend, telefonierend oder sich einfach nur die Füße vertretend.

Ich sag ja immer, Ruhrpott ist, wenn bei einer Fußball-WM bei jedem Tor von jeder Mannschaft von irgendwo Jubel zu hören ist. Natürlich gibt es hier und da auch mal Sachen, die nicht klappen. Aber dafür, dass die Städte hier fast alle knietief im Dispo stehen, schlagen wir uns alle zusammen doch ganz schön wacker. Mein Opa hat das auf seine alten Tage blitzsauber auf den Punkt gebracht: »Junge, lass dich eins gesacht sein. Dat Leben is kein Trallafitti. Dat Leben is Maloche, Maloche, Maloche, und wenn du Glück hass, kannse dich mit dein bisskn Kohle hier und da ma nen schönen Tach machen.« Und so ist das auch, die meisten Leute im Ruhrpott sind verdammt hart am Malochen, und die Allermeisten kriegen verdammt nochmal zu wenig Kohle dafür. Aber man fängt hier nicht das große Moppern an, sondern sucht nach Feierabend oder am Wochenende nach schönen Flecken und Augenblicken; ein Gang über die Drachenbrücke, ein Bummel durch ein Shoppingcenter, wo du bloß mal guckst, was es so gibt und dir nichts anderes kaufst als wie ein Bällchen Eis für dich und deine Familie, oder eine Runde mit den Blagen im Park Pöhlen gehen. Und wenn du dann abends deine Karre auf einem Platz mit guter Aussicht parkst und die Sonne hinter einem ausgedienten Förderturm untergehen siehst, dann weißt du, der Ruhrpott war, ist und bleibt eine astreine Legendenregion.

Rastplatz 300 Meter

War das eine Fata Morgana oder war der Rastplatz wirklich nur wenige hundert Meter entfernt? Kurz darauf saß ich bei einem doppelten Kaffee und einem leckeren Stück Kuchen im Rastplatz-Restaurant. Ich gammelte vor mich hin, schmiss ein paar Euro in den Spielomaten, schlich mit einem zweiten Stück Kuchen zurück zu meinem Platz und schaute aus dem Fenster: »Ach, guck an, die Autos fahren wieder.«

Ich schaufelte mir einen großen Happen Kuchen in den Mund ...

»Ach du Kacke, die Autos fahren wieder!«

Ich stürmte aus dem Rastplatz, versuchte, über die Auffahrt auf den Seitenstreifen zu gelangen und lief so schnell ich konnte zurück zu dem Punkt, an dem ich meinen Wagen vermutete. Völlig außer Atem erreichte ich den Bulli, der schön auf dem linken Fahrstreifen stand und von anderen Autofahrern hupend und mit wüsten Handbewegungen umfahren wurde. Aber schnell stellte sich mir ein ganz anderes Problem. Wie sollte ich die beiden anderen Spuren überqueren, um bis zur ganz linken zu gelangen? Die A2 war durch den sich auflösenden Stau rappelvoll und jede Sekunde konnte ein anderes Auto den Bulli von hinten rammen. Dann ging das Stautheater von vorne los. Nur mit einem Unterschied. Der Unfall und die Bergungsarbeiten gingen dann komplett auf meine Kappe. Ich beobachtete den Verkehr noch ein paar Minuten. Zwischendurch gab es immer wieder kleine Lücken. Vielleicht konnte ich mich von Spur zu Spur durchhangeln, wie früher dieser Frosch in dem Computerspiel, das mein Sohn immer gespielt hat. Es nützte nichts, ich musste mich nur irgendwie besser bemerkbar machen. Leider hatte ich nichts an mir außer Joggingbuxe und Trainingsjacke. Also zog ich meine Jacke aus, wedelte damit wie verrückt durch die Gegend und lief bis zur ersten Fahrbahnmarkierung. Da stand ich nun wie ein Torero auf der Schlittschuhbahn. Nur Zentimeter entfernt schossen die Autos an mir vorbei. Als ich die nächste Lücke sah, schoss ich los und lief auf direktem Weg durch bis zur Leitplanke. Geschafft! Aber wo war jetzt bloß der Schlüssel? Ich suchte alles ab, fand aber nichts. Am Ende blieb nur eine Möglichkeit. Der Schlüssel musste in der Trainingsjacke gewesen sein, die ich wie ein Bekloppter rumgewirbelt hatte. Der konnte überall hier auf der Autobahn liegen. Ich überlegte kurz, ob ich noch einmal rauf und runter über die Autobahn laufen sollte, um den Schlüssel zu suchen, aber als mich drei polnische LKWs überholten und nicht nur den Bulli, sondern auch mich zum Wackeln brachten, begrub ich die Idee. Ich musste zurück zum Rastplatz, irgendwen anrufen. Aber ich konnte den Bulli nicht einfach ohne Warnblinklicht oder Warndreieck auf der Bahn stehen lassen.

Also tat ich, was in ausweglosen Situationen immer noch am besten hilft. Rohe Gewalt gegen wehrlose Sachen. Kurzerhand wickelte ich die Trainingsjacke um meinen Ellenbogen und hämmerte so fest ich konnte gegen die Scheibe der Fahrertür. Zum Glück war der Bulli schon ein älteres Modell und hatte seine besten Tage lange hinter sich. Erst wehrte sich die Scheibe noch ein wenig, aber dann gab sie nach und zerbarst in tausend kleine Teile. Ich schmiss mir die Warnweste über, stellte das Warndreieck auf und hatte den Bulli damit ordnungsgemäß abgesichert. Danach blieb mir nichts anderes übrig, als wieder wie ein wild gewordener Frosch auf die andere Seite der Autobahn zu zockeln und zurück zum Rastplatz zu laufen. Von dort rief ich bei der Tanke von Jupps Schwager an und machte Alarm.

Eine ordentliche Lage Zeit später sprang Jupps Schwager mit hochrotem Kopf aus dem Bulli, während hinter ihm ein Kollege mit einem anderen Bulli in die Parklücke fuhr. »Was ist das denn für eine Sauerei?! Jupp hat mir gesagt, er schickt mir zwei verlässliche Kumpel vorbei, die meine Bullis mit Samthandschuhen anpacken. Und dann steht ein Bulli auf einmal mit eingeschlagener Scheibe mitten auf der A2.«

»Es ... ich ... also ...«

Mir fiel nichts mehr ein. Ich war müde und nach der Rennerei über die Autobahn mit den Nerven runter.

»Wenn es nicht um Jupp ging, würde ich dich hier auf dem Rastplatz versauern lassen. Aber pass auf. Mein Kollege und ich nehmen den geschrotteten Bulli mit zurück nach Recklinghausen, und du kannst mit dem anderen hier weiterfahren. Aber wehe, da kommt auch nur ein Kratzer dran!«

»Ich werd auf den Bulli aufpassen wie auf meine Frau.«

Jupps Schwager drückte mir den Schlüssel vom Ersatz-Bulli in die Hand, und ich tuckerte los Richtung Heimat.

Zitterig wie ein Aal glitt ich vor Jupps Kiosk aus dem Wagen. Was eine Fahrt, der Tod ist nur einen Fahrbahnwechsel entfernt, dachte ich und betrat Jupps Kiosk. Außer ein paar Staubfuseln war niemand zu sehen. Der komplette Kiosk war leer geräumt. Ich verstand die Welt nicht mehr. Nie im Leben hätten die alle Sachen so schnell mit nur einem Bulli rüberfahren können. Und die Regale waren auch schon alle abgebaut und wegtransportiert. Irgendwas ging hier mit mächtig verkehrten Dingen zu. Nur was?

Vom Bulli fahren hatte ich an dem Tag genug, also lief ich die paar hundert Meter rüber zu Jupps neuem Containerkiosk. Als ich um die Ecke bog, konnte ich nicht glauben, was ich sah. Alle waren gekommen, um Jupp bei seinem Umzug zu helfen. Elsbeth, Gisela, Wilma und Rita putzten, was das Zeug hielt. Karlhans und mein russischer Freund Toni aus der Krankengymnastikbude asteten den Verkaufstresen in den Kiosk, während China-Acki lauthals Kommandos in alle Richtungen brüllte. Bülent und sein Vater Mustafa tackerten irgendwelche Kabel zusammen, Nachbar Flemming und Kapper Joe liefen aufgeregt mit einem Maßband durch die Gegend. Sogar Manolo war gekommen und kochte eine Kanne italienischen Kaffees nach der anderen. Kurz gesagt, es war ein wundervoller Anblick, mein Herz ging auf. Freudestrahlend lief ich auf all die lieben Leute zu, als mir auf einmal das Bocksprung-Blag vor die Füße rannte. War das die Möglichkeit? Das Blag trug auch noch das Schalke-Trikot, das ich für Jupps Enkel organisiert hatte. Das schlug dem Bierfass den Boden aus. Bestimmt hatte es das arme Enkelkind auf dem Schulhof eingeschüchtert und gezwungen, das Trikot rauszurücken. Genug kriminelle Energie besaß das Blag, das hatte ich am eigenen Körper erfahren. Aber jetzt war das Maß voll. Ich packte den Bälger am Schlafittchen und zog ihn rüber in den Kiosk. »Jupp! Komm schnell! Der kleine Racker hat deinem Enkel das Trikot geklaut. Aber jetzt hab ich ihn. Der macht mich schon seit Wochen verrückt. Er hat mich verspottet, mich mit Schneebällen beworfen und nur Flausen im Kopp.«

»Bist du bekloppt! Bist du total bekloppt! Lass sofort meinen Enkel los! Das ist mein Enkel! Was hast du denn mit dem Trikot? Das war doch sein Geburtstagsgeschenk. Steht sein Name hinten drauf. Emil steht da drauf.« Und schon saß ich wieder in der Petersilie.

Das Bocksprung-Blag war Jupps Enkel. Das konnte doch kein Mensch ahnen. Ich strich dem Jungen über den Kopf und zupfte sein Trikot glatt.

»Ja klar, dein Enkel, wer denn sonst. Wir beide machen nur Spökes miteinander.«

Ich bückte mich runter und schaute Jupps Enkel tief in die Augen: »So, kleiner Mann, wir beide fangen jetzt noch ma ganz von vorne an. Ich bin der Otto, ein guter Kumpel von deinem Opa. Und ich mach dir jetzt ein einmaliges Friedensangebot. Hier ums Eck ist ne astreine Frittenbude, und da treffen wir uns morgen, wenn du Schulschluss hast, und ich spendier dir ne Currywurst und ne Cola gibt's auch noch dazu. Komm einfach an meinem Fenster vorbei, wenn du frei hast, und nach der Currywurst besuchen wir deinen Opa in seinem neuen Kiosk. Ist das ein Deal?«

Vor lauter Aufregung war ich noch gar nicht dazu gekommen, mich in Jupps neuem Containerkiosk umzugucken. Was ich da sah, war wirklich vom Allerfeinsten. Es war fast wie unser alter Kiosk, nur in aufgeräumt. Ich zog Jupp zur Seite und drückte ihm ein kühles Pils in die Hand.

»Guck dir das an! Kannst du das glauben?«

Wir spürten die warmen Sonnenstrahlen auf unseren Hemden und stießen mit unseren Pilspullen auf einen gelungenen Umzug an. Plötzlich legten sich von hinten zwei Arme um uns: »Jungens, guckt euch nicht um. Denn ich hab kein Pippi in den Augen stehen. Auf keinen Fall. Ich bin verdammt stolz auf euch. Uns kann nichts und niemand auseinanderbringen.«

»Kinners, wo wir hier so stehen und auf den neuen Kiosk gucken, kommt ne glasklare Ansage in mir hoch. – Das mit dem Kiosk war erst der Anfang. Wenn wir das gewuppt kriegen, packen wir alles. Zieht eure Joggingbuxen stramm, wir bringen den Ruhrpott eigenhändig dahin, wo er hingehört. Nach ganz oben.«

DARAUF GEB ICH EUCH MEIN GLÜCK AUF!

EUERN OTTO

AUSSTIEG

KINNERS,

ein halbes Jahr später …

»Es hat keinen Zweck. Keinen Zweck hat das. Ich mach den Kiosk dicht.«

»Bist du dir wirklich sicher? Nicht, dass du zwei Tage später denkst, es war ein Fehler und wieder zurückwillst. Das geht nämlich nicht so einfach.«

»Ich hab mir das lang und breit überlegt. Richtig überlegt. Ich mach dicht.«

»Jungens, was seid ihr schon wieder am Palavern dran? Jupp macht den Kiosk dicht und fertig. Das ist doch ne klare Ansage.«

»Ja, ich muss raus. Der ganze Stress mit dem Umzug und allem. Das war einfach zu viel Stress.«

»Haken dran. Was nun?«

»Wenn Jupp den Kiosk ab morgen dichtmacht und sich keine Vertretung einstellen will, ist unsere Zukunft sonnenklar. Wir fliegen alle Mann zum Ballermann!«

Wie das geendet ist? Das erzähl ich euch ein anderes Mal. Jetzt hab ich euch lang genug mit meinen Geschichten vollgequasselt. Aber ich lass euch hier nicht raus ohne ein letztes, herzallerliebstes

GLÜCK AUF!

EUERN OTTO

BEDANKT

Ich bedank mich ganz lieb bei meinem ehrenamtlichen Betreuerstab. Also bei meiner Wilma, bei Erwin, Mechthild, Franz-Josef, Tanja, beim digitalen Tobias aus Castrop, dem königsblauen Dirk aus Block 28 und beim messerscharfen Markus aus der Ackerstraße. Dann bedank ich mich bei allen, die mich schon seit Jahren im Internet verfolgen. Ganz besonders bei all meinen liebenswerten Bekloppten auf Twitter. Ihr wisst schon wer ihr seid, ne.

Für den Dank an die sehr verehrten Damen und Herren aus der Geschäftswelt übergeb ich an meinen Enkel, Carsten Uekötter, der den ganzen Kram für mich geregelt hat.

Ein großer Dank gilt Daniel Mursa, dessen E-Mail mit der lässig hingeworfenen Betreffzeile »Buch?« den Anfang einer wundervollen Zusammenarbeit markierte. Er war es, der Otto aus den Tiefen des Internets gefischt hat und für buchtauglich hielt. Seine jederzeit phantastische Betreuung per Telefon, E-Mail und an der Spree darf natürlich auch nicht unerwähnt bleiben. Ein weiteres Dankeschön geht an Volker Jarck. Er hat die Rolle der guten Fee übernommen, die fragte, ob dieses Buch nicht bei den S. Fischer Verlagen erscheinen soll, und ob Otto nicht Appetit auf ein Schnitzel hätte. Dass er nicht nur als gute Fee unterwegs ist, sondern darüber hinaus wunderbar nett und humorvoll, hat die Zusammenarbeit zu einer großen Freude gemacht. Und dann ist da Katrin Bojarzin. Ihrer herzlichen und geduldigen Art ist es zu verdanken, dass keine von Ottos tausend Fragen offen blieb. Es liegt an ihrem Können, dass in diesem Buch kein Wort an der falschen Stelle steht und am Ende alles einen Sinn ergibt. Darüber hinaus gilt Ottos Dank allen in der Hedderichstraße 114 und bei der Agentur Eggers, die an der Entstehung dieses Buchs beteiligt waren. Es war von der ersten bis zur letzten Seite eine wundervolle Erfahrung.

Kinners, jetzt muss ich mich doch noch ma kurz einklinken. Das geht ja auf keine Tapirhaut, was mein Enkel sich da zusammenschwurbelt. Was der eigentlich sagen will, ist ganz einfach und passt bei uns im Ruhrpott in einen Satz: Kommt ma alle wacker bei Opa inne Arme!

www.ottos-revier.de
twitter.com/FensterRentner
facebook.com/OttoRedenkaemper